*Draußen im Wald ist es dunkel und kalt,*
*Schneeflocken wirbeln umher.*
*Draußen im Wald weht der Wind und es schallt:*
*Es weihnachtet, weihnachtet sehr.*
*Der Weihnachtsmann hat viel zu tun,*
*hat keine Zeit, sich auszuruhn.*
*Doch statt den Kindern auf Erden Geschenke zu bringen,*
*muss er in Hamburg mit Kriminellen um Gerechtigkeit ringen.*
*Fährt im Rentierschlitten zu jedem Tatort,*
*treibt die bösen Verbrecher von dort fort.*
*Draußen im Wald pfeift der Wind und es schallt:*
*Es weihnachtet, weihnachtet sehr.*

Die Kurzgeschichten spielen hauptsächlich in bekannten Regionen, doch bleiben die Geschehnisse reine Fiktion. Die Figuren dieser Kurzgeschichten sind frei erfunden. Ähnlichkeiten mit lebenden oder verstorbenen Personen sind nicht beabsichtigt und wären rein zufällig.

Bibliografische Information der Deutschen Nationalbibliothek
Die Deutsche Nationalbibliothek verzeichnet diese Publikation in der Deutschen Nationalbibliografie; detaillierte bibliografische Daten sind im Internet abrufbar über https://www.dnb.de


www.niemeyer-buch.de

Umschlaggestaltung: C. Riethmüller
Der Umschlag verwendet Motiv(e) von 123rf.com
Druck und Bindung: Zimmermann Druck + Verlag GmbH, Balve
Printed in Germany
ISBN 978-3-8271-9288-2

# Weihnachtsanektötchen

Spannende Geschichten
aus Hamburg

von Klaus E. Spieldenner

# Inhalt

# Schlagfertig – Der hölzerne Weihnachtsmann

Der Typ war tot. Er musste tot sein. Wenn jemand einen Schlag mit einem hölzernen Weihnachtsmann an den Schädel bekommt, musste er tot sein. Ich war mir absolut sicher, schaute aber erst einmal nach der Figur. Meine Deko-Leidenschaft hatte mich veranlasst, sie heute, wenige Tage nach dem Weihnachtsfest, in einem Laden in Volksdorf zu kaufen. Preislich herabgesetzt! Ein Schnäppchen. 29,95 Euro für fünfunddreißig Zentimeter bunt bemaltes Naturholz. Sie würde in meiner Sammlung von Nikoläusen einen hohen Stellenwert erhalten. Vielleicht hatte dieser Nikolaus mein Leben gerettet?

Der Schnee um den am Boden liegenden Unbekannten färbte sich leicht rot. Die beiden Farben rot und weiß zählten zu meinen Lieblingsfarben. Obwohl … in der Konstellation Schnee und Blut …! Was musste der Idiot auch hier im *Volksdorfer Park* hinter mir herrennen? Wie ein Geisteskranker. Es war zwar erst Nachmittag, aber schon dunkel. Man sah kaum die Hand vor Augen. Zumindest im Wald nahe der *Saselbek*. In dem Moment, als er mich erreichte, hatte ich zugeschlagen. Ein guter, fester Schlag. Der Ausbilder meines Selbstverteidigungskurses wäre zufrieden gewesen. „Johanna, das hast du gut gemacht!“, hätte er erklärt. „Vielleicht nicht gerade totschlagen. Aber besser dein Leben gerettet, als …!“

Eine Gruppe johlender Jugendlicher kam szenenhaft aus dem Dunkel auf mich zu. Sie waren noch einige Meter entfernt. Sie sollten mich nicht sehen können. Sicher Schüler von der *Grundschule Ahrensburger Weg*. Ich musste hier weg. Ich rannte los in Richtung *Allhornweg*, wo sich meine kleine Wohnung im oberen Stockwerk eines Zweifamilienhauses befand. Unten die Oma, oben ich. Mehr-Generationenhaus, sozusagen. Doch schon nach wenigen Metern überkam mich das schlechte Gewissen. Wenn er nicht tot war und die Jungs ihn nicht gefunden hatten, würde er vielleicht erfrieren. Selbst schuld? Nein, gerade war das Fest der Liebe vorbei, und ich hatte wieder keine Möglichkeit, meine Liebe irgendwo zu verteilen. Hatte fünfzig Euro an die Ukrainehilfe überwiesen und dreißig Euro an die Erdbebenopfer. Der Oma einen Schokoladennikolaus gekauft. Aus dunkler Schokolade. Den großen. Reichte das, um mein Gewissen zu beruhigen? Ich wusste es nicht. Und jetzt war nach zwei langen Jahren ohne Beziehung endlich mal ein Mann wieder nahe und ich briet ihm eins über. Das war schon fast eine Story für den Tatort. Oder zumindest Mord-Mord-Nord oder wie immer die Serie hieß. Ich spürte an meiner Atmung, dass ich mich verausgabt hatte. Blieb stehen. Bekam Zweifel. Ich sollte zurück. Nach ihm schauen. Sollte mich stellen. Egal, irgendetwas, nur nicht so tun, als wäre nichts geschehen, und nach Hause laufen. Ich horchte auf. Die Jungs hatten auf ihrem Heimweg wohl umgedreht. Oder waren abgebogen.

Ich drehte um. Besser, ich kehrte zurück zum Tatort. Täter kehrten doch immer zum Ort des Geschehens zurück. Warum also nicht ich? Bauchschmerzen begleiteten mich. Lange hatte ich keine Magenbeschwerden mehr. Früher als Kind häufiger. Und ich war noch nie straffällig geworden. Obwohl: diese Sache mit dem Eyeliner vielleicht. Den hatte ich in einer Parfümerie in der *Mönckebergstraße* geklaut. Und man hatte mich erwischt. Wie dämlich kann man sein? Ein Kaufhausdetektiv hatte mich ausgequetscht. Wie im Fernsehen, hatte ich gedacht. Nur dass man dort für die Szene noch Geld bekam. Als Schauspielerin. Das stachelte mich an. Ob ich eine Seriendiebin sei und so, hatte er gefragt. Ich war sechzehn oder vielleicht siebzehn. Hatte gejammert und von der Armut meiner Familie berichtet. Hartz IV und so. Weinte seine gesamte Packung an Papiertaschentüchern voll. Sprach davon, dass ich mir nichts leisten konnte. Kein Taschengeld bekam wie die anderen. Und dass es heute das allererste Mal sei, dass ich gestohlen hatte. Zumindest das entsprach der Wahrheit. Ich würde es niiiemals wieder tun! Er war so niedergeschlagen, dass er mich laufen ließ. Ich sollte Schauspielerin werden, hatte ich damals überlegt. Dann begann ich nach der Realschule eine Lehre bei Rossmann und blieb dort bis heute. Habe es zur Filialleiterin geschafft. Immerhin! Und jetzt wurde ich zum Mörder. Eigentlich zur Mörderin, wenn man das mit dem Gendern ernst nahm.

Der Typ war weg. Einfach weg. Ich leuchtete mit dem Handylicht auf der kleinen Schneise umher. Und ich war sicher am richtigen Ort. Da war das Blut im Schnee. Dazu Spuren. Abdrücke von Stiefeln. Waren mehrere Schuhe im Spiel? Das wäre ein Zeichen gewesen, dass ihm jemand geholfen und ihn weggebracht hätte. Aber wichtig war doch zu wissen, er war weg. Dann war er doch nicht tot und ich hatte niemanden ermordet. Ihn eher verletzt. Würde wohl straffrei davonkommen. Wenn ich ihm nicht wieder mal über den Weg laufen würde. Aber dafür musste er mich erst einmal identifizieren können. Und ich war dick vermummt. Erleichtert schlug ich den Weg zu meiner Wohnung ein.

Ich hing den warmen Parka an den Haken und stellte die Stiefel auf die Matte. Handy und Geldbeutel gehörten auf die Ablage. Das Handy war in der Seitentasche. Aber zum Teufel, wo war mein Geldbeutel? Ich suchte in den unendlichen Taschen dieses wollig warmen Kleidungsstücks. Einmal. Zweimal. Nein, der Geldbeutel war nicht aufzufinden. In der Thermojeans war er auch nicht. Das hätte ich über den gesamten Heimweg gespürt. Ich hasste es, etwas Großes in den Hosentaschen mitzuschleppen. Aber wo befand sich nun der Geldbeutel? Ich setzte mich an den Küchentisch, schenkte mir aus der Thermoskanne einen lauwarmen Tee ein und versuchte mich zu beruhigen. Sicher hatte ich ihn nicht bei dem Verletzten oder Toten liegen lassen. Ich war ja zweimal vor Ort und das pinke Lederteil mit dem Einhorn darauf wäre mir im Schnee sicher ins Auge gefallen. Ob ich ihn im Deko-Laden …? Keine Ahnung. Weg war weg! Aber was war drin? Ich atmete auf. Meine EC-Karte, Führerschein und Perso steckten noch nicht darin. Vor dem gestrigen Weihnachtsmarktbesuch hatte ich alles ausgeräumt und nur etwas Geld in die Börse gesteckt. War nicht noch der Ausweis der Bücherhalle drin? Die hatte gestern geöffnet und ich gab auf dem Weg zum Weihnachtsmarkt den ausgeliehenen Schmöker dort zurück. Irgendetwas mit Elb, genau fiel mir der Titel bei der aktuellen nervlichen Situation nicht mehr ein. Zumindest ein Regionalkrimi. Hamburg! Auf den Ausweis konnte ich definitiv verzichten. Obwohl! Ich sollte vielleicht doch in den nächsten Tagen den Verlust melden. Bevor noch jemand eine komplette Enzyklopädie auf meinen Namen auslieh. Und nicht zurückgab. Ein Albtraum!

Nachdem das geklärt war, richtete ich meine Gedanken wieder zu dem Mann im Park, den ich …! Vielleicht sollte ich im *Amalie-Sieveking-Krankenhaus* anrufen und mich nach einem Verletzten erkundigen. Ich suchte und wählte die Nummer auf meinem Handy.

„*Evangelisches Amalie-Sieveking-Krankenhaus*, wie kann ich Ihnen weiterhelfen?"

Das ging mir fast schon zu flott. Sonst musste man minutenlang in einer Warteschleife dämliche Musik hören, musste Tasten drücken, bis die Finger bluteten, und dazu ewig warten. Doch heute ...!

„Hallo, mein Name ist ... also ... ich wollte fragen, ob ... mein ... mein Mann eingeliefert wurde. Unfall! Eine große Wunde am ... Kopf. Vielleicht auch ... tot."

Ja, war ich denn von Sinnen? Was quatschte ich da für einen Mist?

„W i e   b i t t e?", fragte die Dame und hatte die beiden Worte lang gestreckt.

„Nein, nein. Das Letzte können Sie streichen. Also, haben Sie ...?"

„Wie ist denn der Name Ihres Mannes?", wollte die Stimme wissen. Damit hatte ich nicht gerechnet. Wenn ich meinen richtigen Namen preisgab, würde ich vielleicht Ärger bekommen. Beim letzten Mal vor Jahren in der Parfümerie hatte ich Glück gehabt. Doch sollte man sein Glück nicht überstrapazieren. Ich drückte auf die rote Taste am Handy und legte das Gerät nach Abbruch des Telefonats erleichtert zurück auf den Tisch. Was hatte ich erreicht? Nichts! Aber eines war klar: Der Typ lag nicht mehr auf dem Waldboden im kalten Schnee. Jemand hatte sich um ihn gekümmert. So weit war doch alles in trockenen Tüchern. Nach wenigen Minuten, einem Glas trockenen Weißwein und einigen Knabbereien überkam mich erneut das schlechte Gewissen. Und wenn ich zur Polizei ging und dort alles erzählte? Was ich gerade machte, war so eine Art Fahrerflucht. Nur ohne Auto und ohne Fahrer. Wie nannte man das bloß? Egal. Ich war mir sicher, das sollte ich nicht tun. Warum die Pferde scheu machen? Wie kam ich bloß auf diesen dämlichen Spruch? Vater hatte ihn oft benutzt. Damals als Kind wusste ich nicht, was er damit meinte. Heute aber schon. Ich schaltete auf der Glotze eine Serie ein, um mich abzulenken.

Ich hatte schlecht geschlafen. Der Wecker klingelte wie immer um sieben Uhr am Morgen. In einigen konfusen Träumen saß ich mal im Gefängnis, mal musste ich die sieben Kinder eines alleinerziehenden Mannes – genau den, den ich totgeschlagen hatte – adoptieren. Zur Strafe sozusagen. Und gerichtlich angeordnet.

Nass geschwitzt nahm ich eine Dusche. Kochte mir Kaffee und aß von dem Schwarzbrot, das noch vom Wochenende übrig geblieben war. Die dicke Erdbeermarmelade, die ich sonst so liebte, schmeckte ich nicht. Gedankenversunken plante ich meinen Arbeitstag. Heute kam Neuware. Den ganzen Tag würde ich Kisten auspacken und Regale einräumen. *Packtag* nannten wir es im Laden. Ja, auch die Chefin musste ran! Ich schaute nach draußen. Der Schnee war geschmolzen. Es hatte in der Nacht getaut. Der Tag würde mies werden. Mies, wie meine Laune. Nur dass das Wetter nichts dafür konnte. Ich schon. Es klingelte an der Haustür. Sicher die Oma von unten. Die stand immer früh auf. Wollte hin und wieder etwas von mir ausleihen. Sicher hatte sie Lust zum Quatschen. Mir machte es normalerweise nichts aus. Die Miete war günstig. Sie heizte ordentlich. Doch heute! Ich öffnete die Tür. Hatte schon einen flotten Spruch auf den Lippen, um der 80-Jährigen klarzumachen, dass ich auf dem Weg zur Arbeit war. Doch vor der Tür stand ein Mann. Ich erschrak. Nicht weil dort ein Mann stand. Nein, es war der dicke weiße Verband um seinen Kopf, der mich erschrecken ließ. Ich hielt den Atem an. Er hielt mir etwas hin. Was, konnte ich nicht genau sehen. Schwindel überfiel mich. Kreislauf? Mir war aber sofort klar, wer er war. Der Typ aus dem Park. Von gestern. Er würde mir einen Haftbefehl aushändigen oder irgendetwas, was mein Leben noch beschissener werden ließ, als es schon war. Mein Körper beruhigte sich. Das, was er mir vor die Nase hielt, war … mein pinker Geldbeutel. Das Einhorn grinste mich schelmisch an wie ein Pfefferkuchenpferd. Ich griff nach der Börse. Mechanisch. Wie fremdgesteuert. Der Mann besaß schöne braune Augen, registrierte ich. Einen Dreitagebart. Sein Haarschopf war nicht zu sehen. Der Verband. Vielleicht hätte ich weniger fest zuschlagen sollen, überlegte ich. Spürte, dass mein Körper plötzlich nach Atemluft schrie. Lautlos. Doch ich ließ die 1,68 Meter zappeln, quälte ihn noch etwas. Es gab Gründe genug dafür.

„Ich wollte Ihnen die Geldbörse bringen!", begann der Mann. Er trat von einem Bein auf das andere. „Sie hatten sie auf dem Waldweg verloren. Ich bin ihnen nachgerannt. Dann traf mich das …!"

„… der!"

„Wie bitte?"

Ich holte die ausgelassenen Atemzüge wieder nach. Antwortete ihm: „Es war ein Weihnachtsmann, … einer aus Holz! Deko!"

Er nickte, als ob er verstanden hatte. Griff sich dann an den Verband. Sicher tat das höllisch weh. Ich litt mit ihm. Phantomschmerzen, nannte man das doch.

„Es tut mir leid, wenn ich Sie erschreckt habe. Sie hatten recht, sich zu verteidigen. Und wegzurennen. Ich bin ganz schön bescheuert! Übrigens, Malte ist mein Name. Malte Herzog."

War Malte nicht ganz bei Trost? Ich erschlug ihn fast und er entschuldigte sich noch?

Ich war völlig durcheinander. Spürte, wie meine Beine langsam wegbrachen. Die Aufregung.

„Kommen Sie rein, ich mache uns einen frischen Tee!", stotterte ich wie ein verliebter Teenager. Oder Teenagerin, wenn man es gendert … oh, mir doch egal. Ich hielt mich an der Wand fest. Er griff mir unter die Arme. Ich ließ es geschehen. Es war ein angenehmes Gefühl. Seine festen Hände an meiner Hüfte. Ich ließ mich extra etwas mehr fallen.

Links auf dem Tischchen stand der hölzerne, rote Weihnachtsmann und grinste in unsere Richtung.

Verlegen mit einem Hauch von Entschuldigung!

# Wenn du denkst, du denkst ...!

„Besten Dank für Ihren Einkauf und beehren Sie uns bald wieder!“

Wilhelm Borchers, Goldschmiedemeister in dritter Generation und Besitzer von ‚*Borchers Schmuck*‘ in der Hamburger Flaniermeile *Große Bleichen,* überlegte, wie viele Male er diesen Satz schon von sich gegeben hatte. Ein Würgen im Hals zeigte ihm, es war zu oft gewesen. War da nicht ein spöttisches Grinsen im Gesicht von Ahmed, dem Security-Angestellten an der Eingangstür des Ladens? Auch ihm war es nicht entgangen, dass der Ladeninhaber fast eine Stunde gebraucht hatte, um dem jungen Paar ein Set silberne Verlobungsringe für knapp hundert Euro aufzuschwatzen. Die Geschäfte liefen äußerst schlecht. Nicht erst seit der Vorweihnachtszeit 2023. Schon seit Jahren bemerkte der Juwelier den Schwund an zahlungskräftigen Käufern. Solche, die sich mal einen Ring für fünftausend Euro leisteten oder ihre Gattin mit einem Collier für zehntausend Euro am Geburts- oder Festtag verwöhnten. Heutzutage wurde überwiegend in reines Gold investiert. Das war nicht besonders schmuckvoll, dafür eine gute Anlage. Und man konnte es, bei Bedarf, schnell wieder abstoßen.

„Wie geht es deiner Mutter, Ahmed? Was hat sie noch gleich, dieses Spinale Dings ...!“, versuchte sich Borchers abzulenken vom Elend der Welt und seines extrem niedrigen Kontostandes. Er griff nach der Tasse und nippte am inzwischen abgekühlten Glühwein.

„*Spinalkanalstenose*! Ja, läuft so weit!“, klärte ihn der gebürtige Albaner auf. „Aber etwas anderes, Herr Bochas.“ Der Juwelier grinste und stellte die mit bunten Weihnachtsmotiven bemalte Tasse ab. Ahmed schaffte es nicht, seinen Namen vernünftig auszusprechen. Bei ihm hieß er stets nur Herr Bochas! Aber das war nicht weiter schlimm. Hauptsache, er und sein Kollege vom Sicherheitsdienst bewachten den Laden und hielten ihm Diebe und ungebetene Gäste vom Leib. Waren die Strom- und Gaspreise doch in die Höhe geschnellt. Dazu hatte sich die Ladenmiete hier in der Einkaufsstraße *Große Bleichen* in den letzten Jahren nahezu verdoppelt.

Eigentlich sah seine Zukunft gerade äußerst mies aus. Es war an der Zeit, sich zu verändern. Und genau das hatte Borchers schon vor Monaten eingetütet. Er hatte den Laden zum Verkauf angeboten und tatsächlich ein Ehepaar gefunden, das zum 1. Januar den Juwelierladen weiter betreiben würde. Herr und Frau Bach. Zwar lief die Übergabe etwas aus dem Ruder, was vor allem die von ihm erhofften Konditionen betraf. Doch so war die Welt inzwischen: hart und herzlos!

Vor zwei Wochen war er 65 Jahre alt geworden und hatte kaum etwas auf der hohen Kante. Aber kein Wunder: Seit seine Ehefrau vor Jahren diesen Sturz im Haus nur knapp überlebt hatte, war sie ein Pflegefall. Anfänglich war er noch in der Mittagspause in das Reihenhaus an der *Neanderstraße* geradelt. Hatte sich gekümmert. Doch irgendwann hatten seine Kräfte ein Ende. Als die Gewinne zudem rückläufig wurden und er den beiden Verkäuferinnen kündigen und das Geschäft allein betreiben musste, blieb nur eine Pflegekraft aus Polen. Seit 2016 gaben sich solche Kräfte die Klinke in die Hand. Das kleine Haus war mittlerweile verkauft und einer Wohnung in Eidelstedt gewichen. Ja, so konnte es kommen! Seine Bekannten und Kunden dachten sicher, er sei ein gemachter Mann. Aber finanziell war er nahezu am Ende. Zum Glück hatte er stets in die Rentenkasse einbezahlt und bekam ab Januar 2.490 Euro Rente. Seine Frau und er hatten sich überlegt, das Land zu verlassen. Ihre Wahl war auf Thailand gefallen. Dort könnte seine mobil und leicht geistig eingeschränkte Frau Julia bei bestem Wetter von Fachkräften versorgt werden. Sie beabsichtigten, die letzten Jahre gemeinsam zu verbringen. Das Geld sollte dafür ausreichen. Große Sprünge würden sie zwar nicht machen können, aber ihm war wichtig, Julia noch eine Weile um sich zu haben. Ahmed sagte etwas, aber Borchers war gedanklich abgedriftet zu seinem Sohn, der ein Jahr vor dem Sturz der Mutter durch einen Motorradunfall ums Leben gekommen war. Ja, das Leben hatte es nicht besonders gut mit ihnen gemeint. Doch andere hatte es noch härter getroffen. Davon berichtete man anschaulich in einer Selbsthilfegruppe, die Julia und er einige Zeit gemeinsam besucht hatten.

Kundschaft war gerade nicht in Sicht und so ließ er den Schwarzgekleideten reden.

„Entschuldigung, was hatten Sie gemeint, Ahmed?"

„Im *Fachmagazin Sicherheit* warnt man vor einer neuen Diebesmasche!"

Borchers interessierte das recht wenig. Außer vielleicht dass er sich wunderte, dass Ahmed Magazine las. Der Schmuckhändler hatte in den über 40 Jahren im Beruf schon viel Übles erlebt, das musste er sich nicht noch aus dämlichen Magazinen erklären lassen.

„Es sind immer Paare. Die Strategie ist, dass sie etwas kaufen, aber beabsichtigen, es später abzuholen. Dann drängen sie den Ladenbesitzer dazu, kurz nach Feierabend den Laden aufzumachen, um den Schmuck abzuholen. Ja, und ruckzuck haben sie ihn ausgeraubt."

Borchers hatte nur mit einem Ohr zugehört. Er sorgte sich mehr um die Zukunft seines Ladens als über dreiste Maschen gieriger Diebe. Gestern Abend hatte er die Einnahmen des nur noch wenige Tage andauernden Weihnachtsgeschäfts überschlagen: Das war weder Fisch noch Fleisch. Früher hatte er während der Festtage tägliche Einnahmen zwischen zehn- und fünfzehntausend Euro zu verbuchen. Heute war es bedeutend weniger. Ein Grund mehr aufzuhören. Das Ehepaar Bach hatte die Restbestände an Uhren und Schmuck übernommen. Aber weit unter Einkaufspreis. Zumindest den Gold- und Diamantpreis konnte er durchsetzen. Aber wenn er seine Schulden bezahlt hatte und die fälligen Steuern, blieb eh nichts übrig. Ja, die Menschen waren hart geworden. Hart wie Stahl. Das Weiche, was den Menschen ausmachte, war von ihnen gewichen wie die Schale einer Avocado. Nur der Kern blieb. Und zu allem Übel sollte der neue Laden *GOLDBACH* heißen. Na, wem es gefällt! Während der Festtage ärgerte er sich am meisten über die sogenannten Wackelkandidaten. Solche, die den Schmuck nach dem Fest wieder umtauschten. *„Meiner Frau hat er nicht gefallen!"*, *„Sie wollte etwas anderes!"*, *„Sie hatte auf eine Kreuzfahrt gehofft!"* Borchers hätte Tausend solcher Sprüche aufzählen können. Aber es nutzte nichts. Jedes Jahr das Gleiche. Obwohl, dieses war ja sein letztes Jahr und die dämlichen Sprüche hatten endlich ein Ende.

Die Ladenglocke hatte sich dezent gemeldet: Käufer? Ahmed hatte sofort den Rücken durchgestreckt und beobachtete das gut gekleidete Paar, das den Laden betrat. Sie würdigten den Objektschützer keines Blickes. Stürzten in wenigen Sätzen zur Theke. Borchers hatte sie schnell eingeordnet: Yuppies, schnell zu Geld gekommen, Lottogewinn oder Erbe. Nun schnell noch etwas Teures zu Weihnachten besorgen, für sich oder

Verwandte. Nun könnte sich die Ebbe in seiner Kasse am letzten Tag vor Schließung des Ladens noch in eine Flut verwandeln. Er könnte es gut brauchen.

„Guten Tag, gnädige Frau, gnädiger Herr! Mein Name ist Borchers, ich bin der Inhaber, wie kann ich Ihnen behilflich sein?"

Borchers hasste diese Floskel, die er nur bei auffallend reichen Kunden an den Tag legte. Doch heute musste er alle Register ziehen, um sicherzustellen, das Maximale aus dem Geldbeutel des Paares herauszuholen.

„Hallo, wir suchen einen wertvollen Goldring für unsere Tochter."

Borchers wollte erst nach einer Preisspanne fragen. Ließ es aber. Er griff gleich unter sich in die Vitrine, wo er die Ringe ab fünftausend Euro abgelegt hatte. Nur je neun Ringe waren pro Tablett angeordnet. So hatte er den Überblick, sollte mal einer verschwinden.

„Ja, da haben sie doch genau unseren Geschmack getroffen!" Die übermäßig geschminkte, vielleicht Fünfzigjährige hatte sofort nach dem Fünfreiher gegriffen. Er hätte wetten können, dass sie dieses Schmuckstück auswählt.

„Ein eleganter Ring aus Weißgold, 18 Karat. Sehr exklusiv. Ineinander verflochtene Flachspiralbänder mit einem Diamant-Baguette in Brillantschliff. Die Profile sind mit vier gefassten Diamanten verziert. Der Glanz ist wunderschön!", leierte er herunter. Bei dem Goldring handelte es sich um seinen persönlichen Verkaufsschlager bei einem Preis um die fünftausend Euro.

„Oh!" Der Gesichtsausdruck der Frau strahlte. „Was meinst du, Schatz?" Sie hielt dem dicklichen, etwa gleichaltrigen Mann den Ring so nah vor das Gesicht, dass sich Borchers sicher war, er konnte weder die Ziselierung noch alle weiteren Feinheiten der Goldschmiedekunst erkennen.

„Wunderschön!", rief der Mann. Und dann noch mal: „Wunderschön!"

Ahmed hatte sich wieder entspannt, fiel Borchers auf. Das war ein gutes Zeichen. Der Mann hatte ein gutes Gespür für Bösewichte und sich bisher seinen Lohn als Alarmmelder bei Ärger bestens verdient.

„Welche Größe hat der Ring?", wollte die Frau wissen. Sie hatte die Hermès-Tasche vor sich auf dem Tresen abgestellt. Das mochte Borchers nicht. Er benötigte freies Sichtfeld auf seinen Schmuck. Heute ließ er es zu. Machte eine Ausnahme. Es war ja bald Weihnachten. Und er bald weg aus dem Laden.

„54, also 17,2 mm", entgegnete Borchers ohne hinzuschauen. „Der aktuelle Sonderpreis liegt bei 4.999 Euro." Er kannte seinen Schmuck genauestens.

„Oh!", die Frau schien etwas konsterniert zu sein. „Die Finger unserer hochbegabten Tochter sind etwas dicker: 56!"

„Kein Problem!", erklärte der Ladeninhaber. „Das ist eine Sache von Minuten. Natürlich erst, wenn sie sicher sind, dass der Ring der richtige für das schlaue Kind ist."

Die Frau nickte und schaute zu ihrem Partner. Als auch dieser den Kopf von oben nach unten und zurückbewegte, fiel Borchers ein Stein vom Herzen.

„Wie zahlen Sie? Mit Karte?"

„Bar!", erklärte der Mann und zog ein hochwertiges Leder-Wallet für Karten und Scheine aus der Jackentasche. Er entnahm ihm ein dünnes Bündel Fünfhunderteuroscheine, zählte zehn davon ab und legte sie vor Borchers ab. Der staunte, das ging ja flott. Selten hatte er so kurz entschlossene Käufer erlebt. Er schob die Scheine in das unter der Theke befindliche Banknotenprüfgerät, und als es grün aufleuchtete, war er beruhigt. „Setzen Sie sich gerne an den kleinen Tisch dort, Herr und Frau …"

Die beiden reagierten nicht sofort und so wies er auf den kleinen Wartebereich, der mit dem Notwendigsten wie Kaffee, Wasser und auch etwas Süßem ausgestattet war.

„Nein, wissen Sie, wir müssen noch nach Blankenese. Wir möchten uns dort ein Appartement kaufen ...!"

„… mit Blick auf die Elbe!", unterbrach ihn seine Frau.

„Ja, genau! Und der Termin mit der Maklerin ist in wenigen Minuten. Ich schlage vor, wir holen den geänderten Ring vor Ladenschluss ab."

Auch gut, dachte Borchers und ließ das Paar wissen, dass der Ring in hochwertiger Geschenkverpackung bis 18 Uhr hier bereit liege. Er stellte eiligst eine Quittung aus und das Paar stürmte wild winkend aus dem Schmuckladen.

„Schnell verdientes Geld!", grinste Ahmed. Borchers mochte solche Anzüglichkeiten nicht. Aber dieses Mal hatte Ahmed ausnahmsweise recht.

Ob die neuen Inhaber die beiden Türsteher übernahmen, war noch nicht sicher. Er hoffte es für Ahmed und seine Familie. Er mochte den jungen Mann, hatte für ihn am heutigen letzten Tag ein kleines Geschenk vorbereitet. Einen Goldring, eingraviert mit seinem Namen. Erst wollte er ihm

einfach hundert Euro in die Hand drücken. Aber Gold war doch höherwertig, und er war Juwelier und kein Bänker.

Sein Handy klingelte. Jemand von der Spedition war am Apparat. „Wir würden den Container gerne schon morgen früh abholen, Herr Borchers. Ist doch alles verstaut?“

Borchers bestätigte den vorgezogenen Termin und man einigte sich auf den Nachmittag. Am gestrigen Tag war der komplette Hausstand im Container verschwunden und sie hatten sich gewundert, was sich doch alles angehäuft hatte. Der Flug nach Bangkok war für den 27. Dezember gebucht und Julia noch bis dorthin in einer Tagespflege untergebracht. Er selbst verbrachte die Nacht in der Wohnung auf einem aufblasbaren Gästebett.

„Ahmed, ich bin schnell im Lager!“, erklärte der Juwelier und ohne die Bestätigung der Security abzuwarten, verschwand er nach hinten. Ihm war eingefallen, dass dort auch noch einiges lag, um das er sich bis zur Abreise kümmern musste. Das meiste, was sich im kleinen Lager befand, mussten leere Kisten, Schmuckkartons, Uhrenetuis und sonstige Dinge sein. Darum konnten sich seine Nachfolger kümmern. Dennoch stieß er auf zwei große Kartons, die schwer und somit nicht leer waren. Er grübelte über den Inhalt. Kurz horchte er in den Laden. Alles war ruhig. Er nahm ein Cuttermesser und schnitt den oberen Karton auf. Oh, Mist! Jetzt fiel ihm siedeheiß ein, was dort lagerte. Es handelte sich um sogenannte Fake-Uhren. Vor zig Jahren hatte er auf einer Messe diese chinesischen Produkte gesehen und damit die Auslagen gefüllt. Der ein oder andere Dieb war darauf hereingefallen und hatte Imitate teurer Uhren oder hochwertigen Schmucks gestohlen. Und sich beim Hehler gewundert. Ja, die Chinesen hatten sogar Punzen eingestanzt. Die Uhren hatten keine Werke, waren aber vom Gewicht und von der Optik von Luxusuhren wie *Breitling*, *Rolex* und *Panerai* nicht zu unterscheiden. Doch dann wurde das Sicherheitssystem derart verbessert, dass es wenig Sinn machte, bei Interesse eines Käufers im Lager nach dem Original zu suchen. Um dann festzustellen, dass keines mehr vorrätig war. Der untere Karton enthielt den Fake-Schmuck. Er war sich absolut sicher. Doch was sollte er damit tun? Es war nicht erlaubt, diese

Fakes in Umlauf zu bringen. Und schon morgen würde der Container mit seinem Hab und Gut abgeholt. Es blieb nur eins: Er musste sie vernichten. Aber wie und wo? Borchers hatte keine Lust, sich jetzt damit zu beschäftigen. Er würde eine Lösung finden. Er löschte das Licht und spazierte zurück in die Ladenräume.

„Aber Herr Bochas, das wäre doch nicht nötig gewesen!“

Ahmed war völlig sprachlos. Der Geschäftsmann hatte es nicht übers Herz gebracht und zu dem Goldring noch einen Hunderteuroschein in ein Kuvert gelegt. „Für die Kinder!“ Ahmed kullerten einige Tränen über die Wangen und eh sich Borchers versah, hatte der kräftige Mann ihn an seine Brust gezogen. Das war ihm etwas unangenehm. Aber er wusste, es war das letzte Mal, und er ließ es geschehen. Er hatte ihm erlaubt, etwas früher seinen Dienst zu beenden. Sprachlos spazierte der Mann aus dem Geschäft. Pflichtbewusst wartete er noch draußen in der Dunkelheit, bis sich das schwere Metall-Gitter vor der Eingangstür bis auf den Boden abgesenkt hatte.

„Passen Sie auf sich auf und viel Spaß in Thailand!“, rief der Security-Angestellte noch. Dann war die dunkel gekleidete Gestalt Ahmeds aus Borchers Blickfeld verschwunden. Während er am Nachmittag weitere Kunden bedient hatte, ging ihm das Ehepaar mit dem Goldring für den angeblich hochbegabten Sprössling nicht aus dem Kopf. Was hatte Ahmed erzählt? Wie funktionierte noch diese Diebesmasche?

Borchers lief es plötzlich eiskalt den Rücken herunter.

Sogar der jungen Frau, die noch vor Ladenschluss eine Kette für ihren Liebsten gekauft hatte, war das aufgefallen. Und er hatte nichts bemerkt. Das Diebespaar würde wiederkommen – und dann?

„Ist Ihnen nicht gut!“ Borchers hatte geschluckt und dann abgewunken.

Der Noch-Ladenbesitzer löschte das Licht bis auf die Notbeleuchtung. Sobald die Fenstergitter geschlossen waren, lief die Zeit. Er hatte 30 Minuten, dann waren die Sicherheitskräfte vor Ort und kontrollierten den Laden. Auch die Polizei wurde dann automatisch alarmiert und machte sich auf dem Weg. Er schaute kurz zu den Kameras. Sie deckten den Eingangsbereich und die Kasse ab. Im hinteren Raum befand sich ebenfalls eine Kamera und er vermied Hektik und Eile. Er griff sich einen der Kartons und warf Uhren und Schmuck, die in der Auslage und außerhalb der Kameraerfassung lagen, hinein. Auch den Schmuck aus den Vitrinen leerte er in den Karton. Den 5.000-Euro-Ring, den er geweitet hatte, steckte er in die Hosentasche. Dann brachte er alles runter in die Tiefgarage, in den Kofferraum seines Wagens. Auch das Bargeld aus dem Tresor verstaute er in seinem Fahrzeug, das er schon vor einer Stunde im Parkhaus abgestellt hatte. Es würde bei Auswertung der Videos wie eine Inventur aussehen. Und die war ja auch nötig. Die Fake-Uhren und -Schmuckstücke packte er in die Fensterauslage und füllte damit die Theke und die Vitrinen. Er schwitzte und wischte sich den Schweiß mit dem Hemd ab. Betrug war nicht seins. Er war ein ehrlicher Geschäftsmann. Aber was hatte die Welt aus ihm gemacht? Ob sein Plan aufging? Wenn nicht, war nichts verloren. Er hatte einen Plan B.

Es klopfte fest an die Eingangstür. Borchers erschrak, spazierte hin. Draußen stand grinsend das Pärchen vom frühen Nachmittag. Sie riefen ihm etwas laut zu, doch er konnte nur Sprachfetzen verstehen: „Keine Zeit, Verspätung, Ring für Tochter, bitte!"

Er zögerte. Was, wenn die beiden ihn verletzten oder gar … nein, darüber durfte er nicht nachdenken. Gestikulierend machte er ihnen klar, sie sollten um das Haus zur Hintertür kommen. Dort würde er ihnen den Ring aushändigen.

Das Pärchen befand sich schon dort, als er die Tür öffnete. Er bemerkte sofort den Fuß, den der Mann hineinschob. Sein Gesichtsausdruck war im Gegensatz zu vorhin kalt und er hielt eine Automatikwaffe in der Hand. Der Typ stieß die Tür auf und schon waren die beiden im Laden.

„Tresor auf, her mit dem Bargeld!", schrie die Frau wie eine Furie und offenbarte im hinteren Teil diverse Zahnlücken. Die Geschäfte schienen doch nicht so gut zu laufen, überlegte der Schmuckhändler.

Die Frau entriss Borchers die Geschenkverpackung, während der Mann eine Sturmhaube überzog. Die Frau tat es ihm nach. Erst jetzt fielen ihm die Koffer auf, die das Paar mit hereingebracht hatte.

Borchers war nach hinten gestolpert. In den Bereich der Kameras. Hatte sich an die Wand beim Computer gestellt.

„Der ... Tresor ist … leer. Das Bargeld wurde … schon vor einer Stunde abgeholt", stammelte er und spürte, dass ihm die Situation doch einiges abverlangte.

„Was? Du Arsch!", schrie der Mann und zog Borchers die Pistole quer über den Schädel. „Mach den Tresor auf. Aber dalli. Sonst knallts und du wirst Weihnachten nicht mehr erleben!"

Der Ladeninhaber spürte einen gewaltigen Schmerz am Kopf. Alles drehte sich. Seine Beine gaben nach. Er ging in die Knie. Blut rann ihm über Nase und Mund bis hinunter auf das weiße Hemd. Er versuchte wieder auf die Beine zu kommen. Sein Kreislauf hatte einen Aussetzer, doch er schaffte es, sich neben den Tresor auf den Bürostuhl zu setzen. Kurz atmete er durch. Die Frau verschwand.

„Aufmachen, los!", brüllte der Vermummte.

Er hörte Geräusche im Inneren des Ladens und war sich sicher, dass die Frau gerade Fenster und Vitrinen leer räumte und alles unkontrolliert verfrachtete. Der Mann hielt ihm plötzlich die Pistole an die Schläfe. Gefügig glitt Borchers nach unten und stellte die Kombination ein. Dann öffnete der Ladenbesitzer die schwere Tür des Tresors. Der Mann schob ihn grob beiseite und erstarrte.

„Leer, Sonja, leer! Im Tresor befindet sich kein Bargeld!" Der Typ schrie und stöhnte gleichzeitig. Seine Frau kam rechtzeitig zurück, denn er begann, Borchers in die Rippen zu treten.

„Hör auf!", unterbrach sie ihn und er gehorchte.

„Wann geht der Alarm los?"

Borchers war klar, was sie meinte. Er wischte sich mit dem Hemdsärmel das Blut aus dem Auge und schaute auf die Uhr an der Wand.

„In … sieben Minuten!"

Das war nicht gelogen. Er hatte sich, wie stets bei Ladenschluss, die Uhrzeit gemerkt, als die Gitter nach unten fuhren.

„Was haben wir!", brüllte der Mann und fuchtelte mit der Waffe herum, als wollte er gleich in die Wände schießen. Die Frau packte aus Wut einen Besen, der in der Ecke stand. Damit schlug sie auf die an der Decke befindliche Überwachungskamera. Erst im zweiten Anlauf gab das Plastikteil nach und fiel auf den Boden. Trotz Schmerzen musste Borchers grinsen. Alles, was hier geschehen war, lag gesichert auf einem Server der Security. Nicht wie in amerikanischen Räubergeschichten, wo sich die Polizisten stundenlang Videos der Kameraüberwachung anschauten. Oder mit offenem Mund vor gelöschten VHS-Kassetten saßen.

„Was grinst du so dämlich, du Depp?" Der Mann trat nach dem am Boden liegenden Ladenbesitzer und verfehlte nur knapp seinen Kopf.

„Los, lass uns abhauen!", drängte die Blonde. „Wir haben Uhren und Schmuck. Ich schätze für 200, nein, eher 300.000. Das sollte reichen."

Sie griff nach einem der Koffer. Der Mann hielt Borchers noch einmal die Pistole an die Schläfe und der Hamburger begann zu zittern.

Das war es nicht wert. Vor allem, wie sollte Julia allein zurechtkommen?

„Bitte nicht!“, schrie er und es war tatsächlich ernst gemeint. „Ich habe eine kranke Frau …!“

„Was schert mich …!“

„… lass es!“, unterbrach ihn seine Frau und packte den Mann am Arm. Er hob den zweiten Koffer auf und beide verließen den Büroraum so, wie sie gekommen waren.

Borchers wollte aufstehen, doch er schaffte es nicht. Die Schmerzen hatten zugenommen und er fiel in eine Art Schutzkoma.

Eine Sanitäterin versorgte die Wunde des verletzten Mannes. Über ihn beugte sich eine Polizistin. „Da haben Sie ein Mordsglück gehabt. Sozusagen ein vorgezogenes Weihnachtsgeschenk.“ Borchers nickte und spürte sofort den Schmerz im Schädel.

„Sollen wir Sie ins Krankenhaus bringen? Dort wird man sie durchchecken.“

Er schüttelte den Kopf. „Nein, lassen Sie nur. Ich muss noch heute die Versicherung über den Schaden informieren.“

# Flachgeschenke und biblische Sirenenklänge

Silke Freudenstein stieg in ihren altersschwachen VW-Polo und machte sich auf den Weg zum Geldautomaten. Das Schneetreiben hatte kurz vor Mitternacht aufgehört und es war nur wenig der weißen Schicht auf dem Straßenbelag der Hamburger *Katzbachstraße* liegen geblieben. Trotz geringem Verkehr in der Nacht zum 2. Weihnachtstag hatten Fahrzeugreifen eine Spur in den Schnee gefahren. Es widerstrebte Silke, zu dieser späten Stunde noch mit dem Wagen unterwegs sein zu müssen. Doch ihre beiden Enkel hatten sich kurzfristig zum Weihnachtsfrühstück angekündigt und ihre Wetter-App sagte ab zwei Uhr erneut starken Schneefall voraus. Da hieß es zu wählen zwischen Pest und Cholera. Silke entschied sich dafür, lieber jetzt loszufahren, als am nächsten Morgen mit Sommerreifen durch die verschneiten Straßen Hamburgs zu schlittern. Sicher fuhren am Morgen auch Busse, die sie in die Nähe eines Bankautomaten bringen würden. Doch nach dem Aufstehen gab es genug zu erledigen, wie nebenan beim Bäcker Brötchen zu holen und das Frühstück für die Enkel vorzubereiten. Hanna und Ruben wollten auf dem Weg zum Vater nach Kiel bei ihr eine Kaffeepause einlegen. Sicher waren auf ihren Wagen Winterreifen aufgezogen. Dafür hatte bestimmt ihre Tochter Maia gesorgt. Während Silke vorsichtig von der Auffahrt rollte, überlegte sie, welche Summe als Geschenk angemessen war. Die Enkelin bzw. der Enkel waren inzwischen 21 und 19 Jahre alt. Da konnte man sie mit zwanzig Euro sicher nicht mehr beglücken. Waren fünfzig Euro für jeden angemessen? Bei ihr, der Frührentnerin, saß das Geld nicht so locker. Seit sie geschieden war, hielt sie sich bei vernünftigem Lebensstil, doch ohne große Extravaganzen über Wasser. Sie hatte noch nie hungern müssen. Doch die Kosten für Wohnung, Stellplatz sowie Wärme und Strom stiegen schneller, als dass die unregelmäßige Erhöhung ihrer Rente einen vernünftigen Ausgleich brachte. Natürlich hatte sie etwas gespart. Für schlechte Zeiten. Falls mal etwas passieren sollte. Zum Beispiel, wenn der altersschwache Wagen seinen Geist aufgab. Es hatte sich schon mehrfach angekündigt, den 17 Jahre alten VW gegen ein neueres Modell auszutauschen. Doch eigentlich stand er mehr herum, als dass sie damit unterwegs gewesen wäre. Es war wie mit beiden Armen. Einer würde sicher auch ausreichen, aber mit zwei war man deutlich besser dran.

Sie entschied sich, je hundert Euro in die Enkel zu investieren und dafür auf die geplanten neuen Wanderschuhe zu verzichten. Die alten würden der begeisterten Wanderin noch für bestimmt Hunderte von Kilometer Laufleistung taugen.

Also würde sie zweihundert Euro abheben, ein kleines Geschenk basteln und weg damit. Flachgeschenke, wie man es in ihrer Heimat, dem Emsland, nannte, kamen überall gut an. Wie gerne wäre sie wieder zurück in Meppen. Doch ihr Ex-Mann hatte sie damals jung und, wie sie selbst immer sagte, naiv nach Hamburg gebracht, um dann, kurz nach der Geburt von Tochter Maia, mit seiner Assistentin durchzubrennen. Aber jetzt war genug der alten Geschichten. Sie musste sich auf die Fahrbahn konzentrieren. In der näheren Umgebung gab es mehrere Geldautomaten. Einer davon lag an der *Luruper Hauptstraße* in der kleinen *Deutschen Bank-Filiale*. Näher an ihrer Wohnung lag der Automat im *S-Bahnhof Elbgaustraße*. Sie entschied sich jedoch für den kleinen Umweg. Die Filiale und der Automat lagen zwar etwas abgelegen, aber da nervten nicht die ständig rumlungernden Obdachlosen, die den Bahnhof inzwischen als Wohnstätte vereinnahmt hatten. Gerade heute am Heiligen Abend waren die sicher wie aufgedreht und gaben keine Ruhe. Vor allem, wenn dort eine Frau allein beim Geldautomaten auftauchte. Letzte Woche hatte sie wieder einen Stapel dieser Obdachlosen-Zeitung ‚*Hinz&Kunzt*' entsorgt. Jedes Mal fiel sie erneut auf die Verkäufer herein. Konnte nicht ‚Nein' sagen. Sie hatte ein zu gutes Herz. Letztlich landete das dünne Magazin ungelesen im Papiercontainer. Einem dunklen SUV kam ihr gemütlicher Fahrstil ungelegen, und der überbreite Wagen überholte sie auf der *Elbgaustraße* unter lautem Gehupe. Sie ignorierte die Nötigung und bemühte sich, ihren angestiegenen Blutdruck wieder herunterzufahren.

Oft fehlte ihr Gesellschaft. Speziell an Festtagen wie heute. Der Nachbar, auch geschieden wie sie und im gleichen Alter, hatte schon einige

Male freundlich gegrinst und sie sogar zu einem Kaffee eingeladen. Aber es gab so viele Dinge, die man allein unternehmen konnte. Warum also mit einem Mann zusammenleben, wenn das Alleinsein an der Mehrzahl der Jahrestage ausgesprochen angenehm war?

Sie bog in die *Luruper Hauptstraße* Richtung Bankgebäude mit dem Automaten ab. Silke war hier oft. Im gleichen Haus befand sich das Büro ihres Versicherungsmaklers, und das war der Grund.

Bevor sie ausstieg, prüfte die Frau erst einmal die Umgebung. Alles schien ruhig. Man spürte die besondere Stimmung des Weihnachtsfestes und die damit einhergehende Ausgeglichenheit in der ansonsten hyperaktiven Hamburger Bevölkerung. Manchmal glaubte sie, dass sich ADHS verbreite wie die gerade abgeklungene Corona-Infektion. Vielleicht sollte man Ritalin bereits dem Trinkwasser beimischen. Das brachte sicher für viele Menschen beim Einkaufsbummel oder im Straßenverkehr die inzwischen verloren gegangene Gelassenheit zurück.

Das Schneetreiben wurde intensiver. Sie musste sich beeilen, um wieder in die geschützten vier Wände zu gelangen. Als sie nach ihrem Handy greifen wollte, fiel ihr schlagartig ein: Sie hatte es doch tatsächlich zu Hause liegen gelassen. Nicht das erste Mal in den letzten Tagen und Wochen. Ob sie langsam tüttelig wurde? Ihre verstorbene Mutter litt schon früh an Demenz. Der ärgerliche Umstand war nun nicht zu ändern und Silke öffnete die Wagentür und stieg aus.

Vor dem Eingang der Bankfiliale war der Schnee noch unberührt. Sie schaute auf ihre Sneaker, die hinter ihr erste Abdrücke auf dem weißen Boden hinterließen.

„Ein kleiner Schritt für die Menschheit …“, lachte sie. Doch es war ein ängstliches Lachen. Denn Mut gehörte nicht zu ihren Tugenden. Silke schob ihre EC-Karte in den seitlich angebrachten Schlitz neben der Tür und die beiden Glasscheiben fuhren langsam auseinander. Innen erstrahlte der Kassenraum in hellem Licht. Obwohl sie der Meinung war, Habecks Aufruf, Strom einzusparen, sei gerechtfertigt, kam ihr die Helligkeit doch gelegen. Sie trat vor den ersten von zwei Automaten. Blickte sich noch einmal zu den Türen um, die wieder ihre Ausgangsposition erreicht hatten. Sie überprüfte in Gedanken noch einmal kurz ihre PIN, bevor sie die Karte in den Schlitz schob. Als griff ein hungriges Tier nach einem Stück Fleisch, so schnell verschwand ihre Karte im Automaten. Jedes Mal bei diesem Vorgang überkam sie Angst. Angst, dass die Maschine die Bankkarte nicht wieder ausspuckte. Natürlich war ihr Konto gedeckt. Aber man las so viel, und eines Tages würde ein Automat ihr voller Genugtuung verkünden: *Ihr Konto ist überzogen. Die Karte wird einbehalten. Wenden Sie sich bitte an die Bank*. Ein Horrorszenario!

Noch während sie darüber nachdachte, stand sie von einem Moment auf den anderen im Dunkeln. Das gerade noch hell erleuchtete Display war ebenso erloschen wie die Leuchten an der Decke. Das einzige Licht im Kassenraum bestand aus der Notbeleuchtung, die ihrem Namen alles andere als gerecht wurde. Silke hatte etwas Zeit benötigt, um die ganze Tragweite des Stromausfalls zu begreifen. Sie blieb eine Minute vor dem Automaten stehen. Wartete auf ein Lebenszeichen. Doch es blieb finster. Das fehlte gerade noch, dachte sie und suchte in der Dunkelheit nach dem Schlitz. Dort sollte zumindest ihre Karte wieder auftauchen. Aber das gefräßige Teil hatte sie bislang nicht wieder ausgespuckt.

„Na, fröhliche Weihnachten!", schrie sie entnervt durch den Raum. „Das kann doch nicht wahr sein! Warum passiert mir so etwas immer?" Doch zur Entschuldigung musste sie zugeben, dass solch eine verfahrene Situation in ihrem 62-jährigen Leben noch nie vorgekommen war. Der Kassenraum war nicht sonderlich beheizt, und hatte sie sich eben noch gefreut über die Sparsamkeit der Banken, begann sie nun zu frieren. Zum Glück hatte sie vor der Abfahrt ihren Lieblings-Hoodie übergezogen. Der reichte bis zu den Knien und würde sie – was die Temperatur anging – nicht so schnell im Stich lassen.

Sie atmete einige Male ruhig ein und aus und brachte ihren Kreislauf so auf ein Level, um die aktuelle Situation objektiv betrachten zu können. Endlich war sie so weit. Also, sie stand in einer unbeleuchteten Bankfiliale. Die EC-Karte war – zumindest vorübergehend – verschwunden. Mit dem Geschenk für die Enkel würde es wohl nichts werden. Aber das war eigentlich das geringste Problem. Sicher konnte sie nach den Feiertagen wieder ohne Stress an ihre EC-Karte gelangen. Und dem Enkel bastelte sie einfach einen Gutschein. Sie würde Hanna und Ruben einfach von der misslungenen Barauszahlung erzählen. Gemeinsam würden sie ausgelassen lachen und nächste Woche überwies sie jedem die hundert Euro.

„Gut, Silke!", sagte sie zu sich. „Dann wieder unverrichteter Dinge auf nach Hause!" Sie drehte sich um 180 Grad, machte wenige Schritte auf die Tür zu und stieß mit der Nasenspitze an das kühle Sicherheitsglas.

„Was ist jetzt los?", fragte sie sich. Sie machte zwei Schritte rückwärts, nahm einen erneuten Anlauf. Doch die Durchgangstür nach draußen versagte ihren Dienst. Silke wurde es abwechselnd warm und kalt. Der Zustand hatte etwas von der Zeit, als sie durch das Klimakterium musste. Sie erinnerte sich nur ungern daran.

Gerade noch hatte sie die fehlende EC-Karte als *Worst Case* angesehen, nun kam die nächste Stufe: Sie war in diesem Kassenraum gefangen. „Schlimmer geht nimmer!", murmelte Silke und sah sich schon, ausgezehrt nach tagelangem Verharren ohne Essen und Wasser, von zwei Bankangestellten in Richtung eines grell blinkenden Krankenwagens geschleppt. Es musste doch eine Möglichkeit geben, Hilfe zu holen? Wenn die nicht schon unterwegs war. Ihre Augen hatten sich etwas an das Dunkle gewöhnt und zum Glück leuchtete draußen in einer Entfernung noch schwach eine Straßenlaterne. Silke spazierte durch den Raum, der etwa die Größe ihrer kleinen Zweizimmerwohnung hatte. Suchte nach einem Knopf, mit dem sie einen Alarm auslösen konnte. Doch erfolglos. Niedergeschlagen setzte sie sich hinter zwei Rollup-Banner, die den Bankkunden Himmel und Erde versprachen, wenn sie mit ihrem Konto zu dieser Bank wechselten. Never! Sicher kam gleich jemand, der wie sie Bargeld benötigte, versuchte sie sich zu beruhigen. Dieser hatte zwar das gleiche Problem mit der Tür, nur von der anderen Seite. Aber sicher würde sie denjenigen überzeugen können, die Einsatzkräfte zu rufen. Doch die nächsten Minuten blieben ruhig. Auch der Straßenverkehr hatte sich reduziert. Sie schaute auf ihren kleinen Fitness-Tracker: Fast zwei Uhr am Morgen. Der Hintern tat ihr weh und sie spürte, wie alle Kälte zu ihren Nieren zog. Draußen schneite es, wie angekündigt. Dieser Situation war sie nicht gewachsen. Sie machte sie fertig und Silke unterdrückte erste Tränen. Plötzlich vernahm sie ein Motorengeräusch. Erst etwas entfernt. Dann näher kommend. Sie versuchte ruhig zu atmen und konzentrierte sich nur auf den Motorenlärm. Wie schön konnte das Geräusch von Verbrennern doch sein, stellte sie fest. Obwohl sie sich verbal schon oft für die E-Mobilität ausgesprochen hatte. Silke wollte erst aufstehen. Ließ es aber und horchte. Ein Wagen schien genau vor der Tür gestoppt zu haben. Sie könnte das Öffnen von Türen hören. Dann Männerstimmen. Sicher handelte es sich um den Sicherheitsdienst der Bank, bei dem ein Notsignal eingegangen war und der nach dem Rechten schaute. Sie rappelte sich auf. Trat seitlich der Wand zur Tür. Draußen stand hell erleuchtet und mit laufendem Motor ein dunkler Wagen. Ein Kombi, ihrer Einschätzung nach. Zwei Männer bückten sich über den Kofferraum. Silke wollte sich schon bemerkbar machen, als sie sah, dass einer der Unbekannten eine Gasflasche neben sich abstellte. Sie überlegte, was die Männer damit bezweckten. Ob sich die Tür nur so öffnen ließ? Solch eine graue Gasflasche besaß sie selbst, um im Sommer den kleinen Grill auf dem Balkon zu betreiben. Die Männer warfen gerade eine schwarze, prall gefüllte Tasche auf den mit Schnee bedeckten Boden. Dabei bemerkte Silke, der Mann trug eine … Maske! Um Gottes willen! Lief denn heute alles schief? Sie kombinierte zwischen stoßweisen Atemzügen und der Bemühung, ihren Kreislauf herunterzufahren. Sie hatte von sogenannten Geldautomatensprengern gelesen. Aber dass die Männer hier … und heute …! Ihre Gedanken waren auf einem Achterbahn-Kurs und sie fand keinen echten Ausweg.

Wenn sie zur Tür trat, schossen die Verbrecher womöglich auf sie. Jemand, der einen Automaten sprengte und das halbe Gebäude dazu, schreckte sicher auch nicht vor Mord zurück. Wenn sie sich versteckte und man ihre Anwesenheit nicht bemerkte, würde sie spätestens durch die Druckwelle der Explosion zu Tode kommen. Also welchen Tod wählte sie? Silke dachte an ihre Lieben. An das vergangene Leben, das eigentlich gut verlaufen war. Sicher mit einem anderen Ehemann … nein, nicht jetzt! Sie schob sich zurück in die Position von vorhin. Hörte Schritte in der Nähe der Eingangstür. Dann trat jemand gegen das Glas. Erst normal. So, wie wenn er zufällig dagegen gestoßen wäre. Doch dann fester und mit wütendem Aufschrei. Kurz darauf hörte Silke ein lautes Geräusch, das sie kannte.

Es war Jahre her. Der Enkel war zu Besuch und schleuderte ein metallenes Spielzeug gegen die Glastür im Flur. Das Glas war damals zerborsten in Millionen Einzelteile. Zum Glück hatte niemand etwas abbekommen. Sie und Ruben blieben unverletzt. Nur die Reinigung des Teppichs entpuppte sich als langwierige Aktion. Dieses laute Geräusch von splitterndem Glas ließ sie erstarren. Sie drehte sich seitlich, um nicht irgendwelche Teile davon abzubekommen. Sie verbarg ihr Gesicht hinter den Armen und war froh, dass sie noch auf beide Extremitäten zurückgreifen konnte. Während Silke angstvoll auf ihre Entdeckung durch die Verbrecher wartete, vernahm sie ein Sirenengeräusch. Erst in einiger Entfernung. Es klang himmlisch in ihren Ohren, und Silke war sich sicher, dieser näher kommende und immer lauter werdende Sirenenton läutete für sie friedfertige Weihnachten ein.

Nachtrag:

Silke saß im Streifenwagen, und eine Uniformierte war dabei, ihr die Handschellen abzunehmen. „Tut mir sehr leid! Als wir Sie dort kauern sahen, sozusagen im Versteck, waren wir der Meinung, Sie gehören zur Diebesbande!"

Silke nickte und war innerlich in einem Freudentaumel. Wie oft hatte sie sich geärgert über Einsatzkräfte, die nie oder zu spät auftauchten. Oder dann, wenn man sie nicht mehr benötigte. Doch heute war die Polizei genau zum richtigen Zeitpunkt zur Stelle gewesen.

„Schon gut! Nicht schlimm! Ich hatte noch nie Handschellen an", grinste sie, „aber eine Frage?"

„Ja?"

„Ist jemand von den Bankleuten hier vor Ort!"

Die Polizeibeamtin schaute erst nachdenklich. Dann drehte sie ihren Kopf in die Runde.

„Ich glaube nicht. Sicher sind die unterwegs. Es ist Weihnachten!"

Silke nickte und erhob sich vom Rücksitz des Streifenwagens.

„Kann ich Ihnen vielleicht helfen, Frau Freudenstein?"

„Es ist nur, der Automat hat meine EC-Karte geschluckt und ich wollte Geld für die Enkel …! Ach, vergessen Sie es!"

Silke liefen dicke Tränen der Erleichterung über ihre Wangen, als sie zu ihrem Polo spazierte. Das Schneetreiben hatte aufgehört. Obwohl der Wetterbericht starken Schneefall angekündigt hatte. Auf nichts war mehr Verlass!

Doch, fand sie, auf die Polizei!

# 500 Weihnachtsmärkte

Xaver Gerstmayer rang nach Luft. Er griff sich an die Brust und riss mit einem tiefen Seufzer seine Augenlider auf. Es war dunkel geworden im Fahrzeug und das beunruhigte ihn. Etwas verschwommen erkannte er über sich das vertraute Grau des alten VW-Bus-Himmels, unter dem er und seine im vergangenen Jahr verstorbene Frau Franziska jahrelang unterwegs gewesen waren. Xaver schob den von Franzi selbst genähten Vorhang beiseite und blinzelte aus dem Fenster des T4-Campingbusses in Richtung Straße. Vereinzelte Schneeflocken tanzten im Licht der Laternen hier auf dem *Parkplatz Hühnerposten* unweit des *Hamburger Hauptbahnhofs*. Xaver spürte die eisige Kälte des Wintertages. Er blickte auf seine Armbanduhr und traute seinen Augen nicht: fast 21 Uhr. Der *historische Weihnachtsmarkt* am Rathaus schloss in etwa einer Stunde, und er musste sich sputen, dort noch rechtzeitig anzukommen. Er zog die Patchworkdecke bis zum Kinn und spürte immer noch Schmerzen in der Brustgegend. Sein Kardiologe hatte ihm abgeraten, sich auf diese Tour von der Oberpfalz nach Hamburg zu begeben. Erst ein Herzkatheter sollte Klärung über seine aktuellen Beschwerden bringen. Doch er wollte nicht noch ein Jahr warten, bis die Weihnachtsmärkte wieder geöffnet hatten. Mit Schwung warf er die Decke von sich und schob sich zum Rand der Funktionssitzbank vor. Ankleiden musste er sich nicht mehr. Er hatte die letzte Stunde in voller Montur erschöpft und schwach geschlafen. Ein Grinsen zog sich über sein Gesicht. Franzi hätte ihn jetzt zurechtgewiesen.

„Nicht mit Klamotten ins Bett!"

Das hatte sie ihm so oft gesagt, wenn er müde von seinem Job als Elektriker beim *Bayernwerk* zu Hause eintraf, seine Schuhe in die Ecke schmiss und sich aufs Bett warf. Er sah im Geiste Franzis Augen vor sich. Sie sprühten Funken, aber er war sich sicher, sie wäre ihm nicht ernsthaft böse gewesen.

Erst gestern am späten Nachmittag war er in Hamburg angekommen. Nachdem er den Bus in einer Seitenstraße abgestellt hatte, spazierte er

zum Weihnachtsmarkt in Ottensen und hakte ihn ordnungsgemäß als Weihnachtsmarkt Nummer 499 ab. Xaver Gerstmayer war nicht weihnachtlich zumute, aber das lag an dem Verlust seiner lieben Frau, mit der er 44 Jahre verheiratet gewesen war. Sie hatten sich so viel vorgenommen, als auch er endlich am 1. September 2021 das Rentenalter erreicht hatte. Sie wollten die ausgewanderte Tochter und die Enkelin in Melbourne besuchen und planten, ihrem gemeinsamen Hobby, dem Besuch von Weihnachtsmärkten, dort weiter zu frönen. Obwohl beide eine Corona-Erkrankung gut überstanden hatten, hatte ihnen das Virus 2020 einen Strich durch die geliebten Freizeitaktivitäten gemacht. Auch 2021 war ein Besuch der wenigen geöffneten Weihnachtsmärkte nur unter Auflagen erlaubt. So hatte es ihnen keine Freude mehr bereitet, Ende November letzten Jahres ihren Glühwein auf dem *Saarbrücker Christkindlmarkt* zu trinken. Die Menschen dort waren noch nicht empfänglich. Ließen sich nicht auf die festliche Stimmung ein, und das Paar aus der Oberpfalz spürte das. Doch im letzten Winter keimte Hoffnung auf. Es schien, dass beide das vor Monaten festgelegte Ziel, dem Besuch des 500. Weihnachtsmarkts, in diesem Jahr erreichen würden. Doch dann verstarb Franziska im Januar, wenige Wochen, nachdem sie wieder nach Bayern zurückgekehrt waren. Die Ruptur eines Aneurysmas riss sie aus dem Leben, und auch jetzt, Monate danach, konnte Xaver diesen schweren Verlust noch nicht fassen. Doch nun war er aufgebrochen, um das schon vor Jahren begonnene Werk zu vollenden. Franzi hatte noch vor ihrem Tode darauf gedrängt, ihr ausgefallenes Hobby mit dem 500. Marktbesuch auf dem historischen Weihnachtsmarkt beim Hamburger Rathaus abzuschließen. Sie hatten geplant, sich mehr um ihren Garten hinter dem Reihenhäuschen in Pemfling kümmern zu wollen. Kürzertreten sollte Xaver, seit er vor Jahren diesen leichten Herzinfarkt erlitten hatte. Die langen Fahrtstrecken und das Schlafen in dem kleinen Fahrzeug hatten ihn angestrengt. Das hatte bei seiner Frau letztlich zu diesem Entschluss geführt.

Xaver schloss den VW-Bus ab und machte sich auf den Weg. Nach wenigen Metern durch die Straßen der Hansestadt froren seine Finger und er bereute es zutiefst, seine Handschuhe vergessen zu haben. Zurücklaufen? Nein, auf keinen Fall. Noch eine kalte Nacht im Bus zu verbringen, war nicht sein Ziel. In den frühen Morgenstunden war ihm nichts anderes übrig geblieben, als kurz die Standheizung einzuschalten. Die Außentemperatur lag tief unter dem Gefrierpunkt und er spürte, wie ihm trotz Kleidung und Decke das Atmen im Wagen schwerfiel. Doch schon nach wenigen Minuten schaltete er die Wärmequelle wieder ab. Die Gefahr war zu groß, dass jemand die Obrigkeit darüber informierte, dass da jemand im Wagen auf dem Parkplatz nächtigte. In den Stunden, in denen er frierend, umgeben vom Geruch der lieben Frau, nicht einschlafen konnte, hatte er ausgerechnet, wie viele Tage gemeinsamen Ruhestandes ihnen geblieben waren. Er kam auf 499 Tage. Ob das ein Zeichen war? Eines, das ihm die Wichtigkeit von Franzis Erbe und ihrem gemeinsamen Lebenswerks deutlich machen sollte?

Franzi verstarb 66-jährig eine Woche nach *Heilige Drei Könige* in der Sana-Klinik in *Cham*. Dort, wo sie selbst von 2009 bis zu ihrem Vorruhestand im Jahr 2019 als Köchin in der Krankenhausküche tätig gewesen war.

Xaver hatte inzwischen die *Mönckebergstraße* erreicht. Die Geschäfte waren noch geöffnet und er betrat für wenige Sekunden eine kleine Boutique, um sich aufzuwärmen. Seine Anwesenheit schien Befremden auszulösen. Erst jetzt bemerkte er an Ständern die modische Bekleidung junger Frauen und Mädchen. Wo war er da hineingeraten? Blicke von minderjährig aussehenden Verkäuferinnen und Kundinnen brachten ihn dazu, den Laden sofort wieder zu verlassen. Die Einkaufsstraße war gut gefüllt und die dick vermummten Passanten ließen die Temperatur gefühlt um einige Grad ansteigen. Ein starker Stich in der Herzgegend ließ Xaver plötzlich stocken und er schob sich reaktionsschnell in einen Hauseingang. Eine Stimme brüllte: „Besetzt, hau ab!“ Im Augenwinkel erkannte Xaver eine Gestalt, die im Schlafsack auf einer bunten Isomatte lag. Ein knurrender Hund neben ihm machte Anstalten, auf ihn loszurennen. Erschrocken trat er wieder zurück auf die Straße.

Die digitale Uhr über einem Schuhladen zeigte 21.39 Uhr und Xaver fragte sich, wo die Zeit geblieben war. Er beschleunigte seine Schritte, verzichtete darauf, seinen Körper nach Beschwerden auszuquetschen.

Es galt, rechtzeitig den historischen Markt zu erreichen, bevor dieser schloss.

Es hatte Franzi fast das Herz gebrochen, als ihr einziges Kind, Tochter Lisa, einen in Deutschland studierenden Australier kennenlernte. Sie ahnte sicher, dass diese Liebe zum Entzug des einzigen Kindes führen würde. Und so geschah es. Nachdem beide ihr Studium beendet hatten, folgte Lisa 2008 ihrer großen Liebe Matt nach Australien. Die Flugangst Xavers hatte bisher einen Besuch in Melbourne verhindert. Die Enkelin wurde 2012 geboren, und nur zur Bestattung der Mutter kamen Lisa und das Mädchen zurück in die bayerische Heimat. Franziska war es nie ermöglicht worden, die Enkelin persönlich in die Arme zu schließen.

Xaver musste die negativen Gedanken verdrängen. Sie würden nur seiner angeschlagenen Gesundheit schaden, überlegte er. Als sein Blick von der Bergstraße auf das Rathaus der Hansestadt fiel, erinnerte er sich an die Rituale ihrer gemeinsamen Weihnachtsmarktbesuche. Jeden Markt nur einmal aufsuchen, hatten sie vor zig Jahren beschlossen. Es gab auch keine festgelegte Aufenthaltszeit. Nur geöffnet musste der Weihnachtsmarkt haben. Über die Jahre hatten sie dort meistens einen Glühwein oder Punsch getrunken und eines der Gefäße als Souvenir und eine Art Trophäe mit nach Hause genommen, bevor sie zum nächsten Markt aufbrachen. Ihr bisheriger Rekord waren neunundzwanzig Weihnachtsmärkte in einer Saison. Doch meistens besuchten sie weniger Veranstaltungen. Das Wohnzimmer der kleinen Doppelhaushälfte in Pemfling war inzwischen gespickt mit bunten Tassen, Bechern und Gläsern von den jahrelangen Weihnachtsmarktbesuchen. Sie hatten sich beim Wischen mit dem Staubwedel stets wochenweise abgewechselt. Ja, sie waren ein gutes Team gewesen, dachte er, als er spürte, wie sein Atem stockte. Es war, als drückte ihm jemand die Kehle zu. Doch außer hektisch und anonym vorbeirennenden Passanten war niemand in seiner unmittelbaren Nähe. Der historische Weihnachtsmarkt am Rathaus lag in geringer Entfernung. Xaver konnte schon den Lebkuchen riechen, hörte die weihnachtliche Musik. Er sah Millionen LEDs, die vor dem illuminierten Rathaus der Stadt Hamburg leuchteten und funkelten, und er spürte Hitze, die sich wie eine übergroße Wärmflasche in ihm ausbreitete. Der Bayer lehnte sich an eine Hauswand. Plötzlich gaben seine Beine nach und er sackte in sich zusammen.

Xaver wusste nicht, wie lange er dort auf dem kalten Beton gelegen hatte. Er hoffte, nur wenige Minuten. Ihm fiel sofort ein, dass der Markt in Kürze schloss und ein weiterer Tag hier in der Hansestadt …! Nein! Er versuchte aufzustehen, doch seine Beine verweigerten jegliche Dienste. Er spürte Schmerzen, die über seinen Arm entlang bis tief in den Rückenbereich liefen. So ähnlich war es vor Jahren, als er gerade von einem dreißig Meter hohen Strommast herabgeklettert war. Herzinfarkt diagnostizierten die Ärzte damals. Aber einen leichten, ließen sie ihn wissen. Wie eine leichte Grippe! Nach Krankenhausaufenthalt und Reha ging er wenige Wochen später wieder zur Arbeit. Als wäre nichts gewesen. Doch innerlich hatte es sein Selbstbewusstsein und seine Einstellung zum Körper aufgerissen wie einen maroden Reifenschlauch. Sofort hatte er das Rauchen aufgegeben, den Alkohol reduziert. Nur die Weihnachtsmärkte waren ihm geblieben. Niemand konnte sie Franzi und ihm je wegnehmen, so hatte er damals geglaubt. Dann stand er vor dem offenen Grab seiner Liebsten und wollte am liebsten selbst hineinspringen.

Xaver spürte, dass der Herzinfarkt dieses Mal von anderer Tragweite war. Er war sich sicher, in wenigen Minuten Franzi folgen zu dürfen, und es gab ihm ein gutes Gefühl. Er würde ihr nachreisen an den Ort, wo sie sich jetzt für immer aufhielt. Auf dem ewigen Weihnachtsmarkt im Himmel.

„Geht es Ihnen nicht gut?", rief eine Stimme. Ein junges Paar hatte sich gebückt und kniete nun vor ihm. Xaver bekam keine Luft, seine Stimme versagte.

„Weihachts … arkt", stöhnte er.

„Wir rufen besser einen Krankenwagen!", erklärte die Frau und war dabei, ihr Handy zu zücken.

„Halt, nein …!" Xaver riss seine letzten Kräfte zusammen. „Meine Frau … dort …!" Er machte eine Kopfbewegung in Richtung Weihnachtsmarkteingang. Das Paar schaute sich stumm an.

„Sie möchten, dass wir Sie …?"

Die Frau schaute auf ihr Handy. „Der Markt schließt in … drei Minuten. Vielleicht kurieren Sie erst einmal Ihre Beschwerden aus. Der historische Markt am Rathaus ist noch bis Weihnachten geöffnet!"

Xaver packte den Ärmel des Mantels und versuchte, sich an dem Mann hochzuziehen. Der Unbekannte ließ ihn schweigend gewähren. Half ihm sogar auf die Beine.

„Was meinst du!", fragte der Mann seine Begleitung. Sie nickte.

Beide nahmen Xaver in die Mitte, und obwohl seine Beine versagten, zogen sie ihn Meter für Meter weiter in Richtung des Weihnachtsmarkts.

Er schämte sich nicht. Auch wenn Menschen stehen blieben, auf das seltsame Trio aufmerksam geworden. Sie waren wie ein eingefleischtes Team. Wie damals Franzi und er. Xaver war sich sicher, die beiden über seinen Auftrag aufklären zu müssen, und stammelte: „Fünfhundert, nur noch ein Markt … dann ...!“

Er fühlte, wie sein Herz seltsame Sprünge machte. War die Freude an dem bevorstehenden Ereignis der Grund oder war es die Ankündigung auf ein baldiges Einstellen seiner lebensnotwendigen Aufgabe? Der Klang von Weihnachtsliedern näherte sich, wurde lauter. Noch nie klangen sie so engelsgleich wie an diesem Abend. Und als fünfhundertfacher Weihnachtsmarktbesucher wusste Xaver, wovon er da träumte.

„Stille Nacht, Heilige Nacht …!“

Jegliche Kälte war aus Xavers Körper gewichen. Er fühlte sich gnadenlos gut, hätte die Welt umarmen können. Das Trio erreichte die Schwelle zum Weihnachtsmarkt, als Xavers Herz seine letzten Pumpbewegungen einleitete. Dieses Langsamerwerden eines Motors erinnerte ihn an den VW-Bus. An eine Nacht vor Jahren, in der das Fahrzeug mitten in einem Wald in Sachsen aufgrund eines leeren Tanks seinen Dienst aufgegeben hatte. Der Fünfzylinder hatte noch einige Male gestottert und dann …!

Ruhe war eingekehrt.

Xaver hatte seinen brechenden Blick nach oben gerichtet. Zwischen zwei riesigen Tannen tat sich ein leuchtendes Tor auf, das das Himmelreich anzukündigen schien. Davor schwebte ein Schlitten, gezogen von Rentieren. Xaver glaubte auf der Bank hinter dem rot gekleideten Weihnachtsmann die langen grauen Locken seiner Franziska zu erkennen. Sie lachte und winkte ihm zu. War das tatsächlich seine Franzi? Ja, er war sich absolut sicher.

# Das schwarze Schaf

Jupp schob seine gerötete Nase aus dem Pack Wolldecken, indem er seinen Körper langmachte. Eine Hand kam zum Vorschein und er kratzte sich einen dicken, juckenden Pickel an der Wange auf. Mit dem Unterarm schob er die Strickmütze etwas zurück, sodass seine Augen zu sehen waren. Nun musterte er in der nächtlichen Supermarktbeleuchtung die eitrige Ausbeute am Finger und grinste zufrieden. Eine Reihe gepflegter Zähne wurde sichtbar. Er kratzte sich am Kinn, dann am Hals und danach auf der Brust. Dem Junkie war klar, wenn er nicht bald einen Schuss bekam, kratzte er sich die komplette Haut auf. Das Methadon vom Vormittag war nur eine kurze Hilfe, und er musste dringend an sauberes Heroin gelangen. Er tastete nach seinem Geldbeutel, der um den Hals hing. Griff hinein. Etwas Kleingeld, Scheine fühlte er nicht. Schon vor etwa zehn Tagen und Nächten war er hier in Hamburg gelandet. Eigentlich wollte er nicht aus Freiburg weg. Dort, wo die Sonne auch im Winter oft schien. Wo man nur an wenigen Nächten im Jahr fror. Aus der Stadt im Breisgau, in der inzwischen viele aus der Drogen-Szene überwinterten. Aber es war wie ein Zwang, und er war nicht mehr Herr seiner selbst. Eine fremde, ihm unbekannte Macht hatte ihn nach Hamburg gezogen. Als habe er dort noch einen Koffer. Ein Lkw nahm ihn im Laderaum bis Kassel mit. Er blieb einen Tag und eine Nacht dort, bevor er sich weiter auf den Weg in die Hansestadt machte. Wie ein Magnet fühlte er sich vom Süden zum Norden hingezogen, und eines hatte er gelernt: gehorchen. Dass heute Heiligabend war, war ihm nicht bewusst. Und wäre da nicht dieser Anzugtyp gewesen, der ihm beim Betteln auf der *Spitalerstraße* Kleingeld in den Becher geworfen hatte, es wäre ein Tag wie jeder andere gewesen. „Frohe Weihnachten!", hatte der Mann gerufen. Hätte er „Frohe Ostern!" gewünscht, Jupp hätte es ihm auch geglaubt. Beide Festtage lagen doch in der kalten Jahreszeit. Wenn auch um Monate auseinander. Er wurde unsicher. Bestimmt war der Unbekannte ein Bänker, staubte monatlich Tausende von Euros ab. Von den Prämien ganz zu schweigen.

Und an Weihnachten reichte es ihm, einem armen Obdachlosen etwas Kleingeld zuzuwerfen, um für das restliche Jahr sein Gewissen wieder zu erleichtern.

Die Erinnerungen an sein altes Leben waren bei Jupp inzwischen nahezu erloschen. Wie in diesem Film, wo Männer in schwarzen Anzügen den Außerirdischen ein Metallding vor die Augen hielten. *Blitzdingsen* oder so! Er konnte sich nicht mehr an den Namen des Films erinnern. Doch wann hatte diese Zeit des Abgleitens begonnen? Er blickte zu anderen Drogensüchtigen und war sich sicher, er war anders, versuchte sich weitestgehend zu pflegen, putzte die Zähne. Sein Leben nicht ganz aufzugeben. Es war ein Kampf zwischen Normalität und Sucht, zwischen tierischem und menschlichem Verhalten. Oft fragte er sich, wer er tatsächlich war? Wie lautete seine DNA? Vieles hatten Heroin und Ecstasy aus seinen Gehirnzellen herausgespült. Doch vor allem das gestreckte Heroin, das er vor Wochen gespritzt und das ihn auf die Intensivstation des St. Josefskrankenhaus gebracht hatte, war schuld an seiner jugendlichen Demenz. Man hatte ihn nachts ohne Ausweispapiere im Colombi-Park aufgefunden. Die Polizei befragte ihn, als er aufgewacht war. Doch er konnte ihnen wenig mitteilen. Nichts erklären. Nur seinen Namen Jupp, der war ihm geblieben. Dann war er eines Nachts aus der Klinik abgehauen.

Jupp zog sein Besteck heraus und machte sich eine Spritze. Der Stoff war nahezu alle. Er benötigte dringend Nachschub.

Schon seit Wochen war Hamburg in Festbeleuchtung gehüllt. So als begänne Weihnachten schon nach dem Hafengeburtstag. Jupp fragte sich, ob er Geschwister besaß. Sicher war er in einem Kinderheim aufgewachsen. Das würde passen. In kalten Nächten, wenn er sich ablenkte, versuchte er sein Gehirn anzustrengen. Es zum Laufen zu bringen wie einen alten Motor, der jahrelang sein öliges Leben abgestellt in einer Garage verbracht hatte. Er wollte ihm Details entlocken, die die Lebensgeschichte eines Vierteljahrhunderts zurückbrachte. Irgendwann war Jupp überzeugt davon, dass die Drogensucht über ihn hereingebrochen sein musste wie ein Unwetter in der Nacht. Hatte er nicht ein begonnenes Studium geschmissen?, schimmerte es weit hinten in seinen grauen Gehirnzellen. Sicher hatte er sich mit den Eltern überworfen, und die hatten ihm daraufhin seine EC-Karte gesperrt. Ein Pfeifchen Marihuana würde er sich hin und wieder gegönnt haben. Aber eine Spritze zu setzen war eine andere Baustelle. Eine andere Dimension als Pot. Gegen Morgen kam ihm Julia in den Sinn. Die Rothaarige aus irgendeinem Kurs. Hatte sie ihn auf Drogen gebracht? Vielleicht in einer Liebesnacht bei ihr in der Bude? Und seither war er nicht mehr davon weggekommen? Fragen über Fragen.

Das Jucken fing wieder an, und Jupp zog eine angebrochene Weinflasche aus dem Bettzeug. Der Wein schien fast gefroren zu sein, aber der kalte Schluck beruhigte ihn für einen Moment. Er brauchte dringend einen klaren Kopf. Aber wie kam er an Geld? Ein Fünfziger würde für seinen Seelenfrieden genügen. Die Geschäfte hatten inzwischen geschlossen und nur noch wenige Personen flanierten durch die Fußgängerzone. „Ich habe das Knetemachen heute verpennt!“, ärgerte er sich lautstark. Ein älteres Ehepaar war stehen geblieben und schaute auf das Häufchen Elend, das unter den Wolldecken nur mit dem Kopf herausschaute. „Einen Heiermann!“, pöbelte Jupp sie an. Das Paar schüttelte den Kopf. Sie zogen weiter. Warum war er nicht an der Sache mit diesen Straßenzeitungen drangeblieben? Das brachte gutes Geld.

„Du bist zu aufdringlich, dich können wir nicht brauchen!“, erklärte damals der Verantwortliche. Er hatte ihm noch einige Essensgutscheine in die Hand gedrückt, den Restbestand der Obdachlosenzeitung *Hinz&Kunzt* abgenommen und war verschwunden.

Brachte er denn nichts zu einem guten Ende?

Er warf zwei Decken von sich und ging in die Hocke. Hunger hatte er auch. Aber das war kein echtes Problem. Zum Essen gab es im Winter in der Hansestadt genügend. Fast drängten ihm die Ehrenamtlichen des Kältebusses die warmen Mahlzeiten und belegten Brötchen auf. Man musste nur wissen, wo die Ausgabe erfolgte. Und er wusste es. Auch am Hauptbahnhof bei der Bahnhofsmission ließ man ihn nicht im Stich. Jupp erhob sich. Er machte ein paar Bewegungen, um den eingeschlafenen Gliedern Leben einzuhauchen. Doch er fror so erbärmlich, dass er sich erneut eine Decke überwarf. Seitlich befand sich diese Litfaßsäule. So eine oldschool Säule, an der noch Papierplakate hingen. Eines davon erregte seine Aufmerksamkeit. Dort war zu lesen:

***Mitternachtsmette ab 23 Uhr in der Erlöserkirche mit Ausstellung der wertvollen OSTERRIEDER-KRIPPE.***

Das Kleingedruckte konnte er von seiner Position aus nicht lesen und so schob er sich samt Decke etwas näher. Da stand, dass die Krippe außerhalb der stillen Jahreszeit an einem geheimen Ort verwahrt und von unschätzbarem Wert war. Und dass ein Münchner Bildhauer namens *Sebastian Osterrieder* sie im ersten Drittel des 20. Jahrhunderts erschaffen hatte. Aber auch, dass sich die Krippe bis heute großer Beliebtheit erfreute. Nur für diese Weihnachtsmette hatte man sie als Leihgabe der Ev.-Luth. Kirchengemeinde in Farmsen-Berne zur Verfügung gestellt.

Wow! Dass es solche wertvollen Krippen überhaupt gab?, dachte Jupp. Damit könnte man garantiert Geld machen. Ob er einige Teile davon klauen sollte? Doch wahrscheinlich würden mehr Sicherheitsbeamte als Gläubige in der Kirche stehen, grinste er mit zitterndem Körper. Sofort kamen ihm Zweifel über seine Idee. Aber glaubten die Menschen an Weihnachten nicht nur an das Gute? Und bestimmt würden sie nicht vermuten, dass jemand Teile der Krippe zu stehlen beabsichtigte. Vor einer Woche hatte er einen Typen kennengelernt. Der kaufte alles Mögliche für gutes Geld an. Der Hehler schlich stets hier rum. Versuchte Obdachlose und Junkies zu gezielten Diebstählen zu überreden. Erst vor ein paar Tagen hatte Jupp für ihn eine Uhr geklaut. In *Galeria Karstadt*. Es war eigentlich einfach. Er wartete, bis die Dame am Verkaufstresen verschwand, und griff dann in den Auslagenkarton, der weiter unten lag. Die hatten nichts gelernt in all den Jahren und wunderten sich dann, wohin ihre Ware verschwand. Noch lange später klopfte sein Herz wild und er erwartete jeden Moment die Polizei. Oder wen auch immer. Doch nichts geschah. Warum legten sie die Ware nicht gleich vor die Tür?, grinste er schnaufend. Der Hehler hatte ihm hundert Euro für das sicher fünfhundert Euro teure Teil gezahlt. Ein schneller Verdienst, und keiner war zu Schaden gekommen. Ohne Frage würde die Kanaille, wie er den Hehler boshaft nannte, auch Krippenteile ankaufen, überlegte er. Wenn er denn welche klauen könnte. Doch so wie er jetzt gekleidet war, konnte er nicht eine Mitternachtsmette besuchen, ohne aufzufallen. Er zerschlug den Gedanken an den Diebstahl und setzte sich auf die Isoliermatte. Trank einen Schluck Rotwein. Er unterhielt kaum Kontakte zu anderen Junkies. Es gab da mal eine junge Frau in Freiburg beim Bahnhof. Die mochte er. Sie unterhielten sich oft über dies und das. Doch eines Nachts spritzte sie sich eine Überdosis. Ein Passant wählte den Notruf. Die grellen und blitzenden Lichter des Krankenwagens hatten sich bis heute in seine Netzhaut gebrannt. Ob sie es überlebt hatte? Er war schon immer ein Einzelgänger. Auch hier auf der Platte, wie die Obdachlosen es nannten. Die Drogensüchtigen waren für sie bloß Aussätzige. Waren unterste Schublade. Sie nahmen ihnen beim gemeinsamen Betteln das notwendige Kleingeld ab, um statt an Alkohol an harte Drogen zu kommen.

Die Sache mit dem Krippendiebstahl ließ ihn nicht mehr los. Die Kirche lag beim *Bramfelder Weg*, nur wenige U-Bahn-Stationen entfernt, und es war kurz vor 22 Uhr. Er musste sich sputen, um etwas Vernünftiges zum Anziehen zu besorgen. Die Haare mit der Wasserflasche etwas anfeuchten. Keiner würde ihn dann beachten. An solch einem besinnlichen Abend in einer gut gefüllten Kirche. Auf der anderen Straßenseite befand sich eine Pizzeria. Das war sein Ziel. Kurz überkam ihn das schlechte Gewissen, seine Habseligkeiten in der Ecke zurückzulassen. Man wusste ja nie. Auch bei denen, die ganz unten angelangt waren, gab es Diebe. Die konnten sogar seine alte Pferdedecke und die wenigen Dinge des täglichen Bedarfs brauchen. Verkauften sie für eine Dose Bier. Aber er musste es riskieren, denn mit seinen Habseligkeiten unter dem Arm würde er auffallen.

Jupp ließ die Decke auf den Boden fallen, zog die durchgelatschten Sneaker an, die er aus dem Kleidercontainer gezogen hatte, und tappte über die Straße. Der Verkehr hielt sich in Grenzen. Sicher saßen die meisten Hamburger vor ihrem weihnachtlichen Festmahl. Unter dem Christbaum teure Handys und Laptops. Gutscheine für Edelsteaks beim Griechen. Im Schein der Innenbeleuchtung erkannte Jupp durch die Scheiben, dass das italienische Restaurant ausgebucht war. Menschen saßen beim Essen und ihre Gesichter glänzten glücklich im Schein der Kerzen, die der Betreiber auf die Tische gestellt hatte. Der Geruch von frischem Oregano, von Tomaten zog in seine Nase. Hungergefühle stellten sich ein. Er spazierte zum Eingang des Restaurants. Mist! Dort, wo sich die Garderobe befand, hielt sich ein Kellner auf. Er war wohl abgestellt, um Ankommende an ihre Tische zu begleiten. Jupp fror erbärmlich. Er besaß noch diesen alten Bundeswehrparka, den hätte er über den Sweater ziehen können. Hätte, hätte, Fahrradkette!

Ein Pärchen näherte sich. Sie flüsterten, schienen bester Laune. Jupp schob sich in einen Hauseingang und tat, als wollte er die Tür aufschließen. Sie beachteten ihn nicht. Er hatte Glück, das Paar betrat das Lokal.

Er schlich hinterher. Sah, wie beide ihre Mäntel an der Garderobe aufhängten und der Livrierte sie ins Lokalinnere brachte. Schnell öffnete Jupp die Tür. Riss den am nahe gelegensten Mantel vom Kleiderbügel und verließ die Pizzeria sofort wieder. Sicher waren keine zehn Sekunden vergangen. Niemand schien etwas bemerkt zu haben. Der Bügel steckte noch im Mantel. Er schmiss ihn in eine dunkle Ecke. Schnell zog er das Kleidungsstück über. Der Mantel war etwas groß für Jupps dünne, ausgemergelte Figur. Aber er schien von guter Qualität zu sein und wärmte ihn. In einer Tasche befanden sich Handschuhe. Er roch daran: Leder. In der anderen ein Schal. Jupp zog die Handschuhe an, legte den Schal um den Hals und fühlte sich gleich viel besser. Der Mann würde sicher Dutzende wärmender Wintermäntel besitzen und sich einfach einen davon vom Taxi abholen lassen. Also bloß kein schlechtes Gewissen haben! Jupp rannte hinüber zu seiner Behelfsunterkunft beim Supermarkt. Alles schien noch da zu sein. Doch er musste hier weg. Bevor der Mann den Diebstahl des Mantels bemerkte.

Sicher war dem Eigentümer des Lokals klar, dass nur einer der Obdachlosen von der anderen Seite der Dieb gewesen sein konnte. Andere Seite! Genau das war es. Auf der einen Seite die Menschen, die ständig emporstiegen auf der Karriereleiter. Die immer mehr besaßen, obwohl sie mit zunehmendem Alter immer weniger benötigten. Auf der anderen Seite er. Von Armut gezeichnet. Vom Hunger verfolgt. Auf der Treppe immer weiter unterwegs nach unten. Jupp packte schnell alles zusammen und rannte zur U-Bahn. Heute gab es bestimmt kaum Sicherheitspersonal des HVV. Und wenn, mehr als dass sie ihn aus der Bahn warfen, war nicht drin. Er zog eine gelbe Warnweste über den Mantel. Er fand sie in einem der Müllcontainer und sie hatte nur einige Risse. Er hatte das Teil eingesteckt. So fiel der teure neue Mantel an ihm, dem Junkie, nicht auf. Jupp fuhr bis Farmsen, wurde nicht kontrolliert. Die wenigen Personen in der Bahn hatten ihn kaum beachtet. Waren ausreichend mit sich selbst beschäftigt. Eher waren es die Kollegen, die auf dem Boden der U-Bahn-Station nächtigten, die ihn, den Eindringling, böse taxierten und hofften, dass er ihnen nicht den Platz streitig machen würde. Nein, er wollte zur Kirche. Zur Krippe. War er eigentlich katholisch?, fragte er sich. Und war das dort überhaupt eine katholische Kirche? Doch wen scherte es? Noch stand die Konfession niemandem auf die Stirn geschrieben. Oder man besaß ein farbiges Bändchen, wie bei der Tafel in Freiburg. Keiner würde dort im Haus Gottes Fragen stellen. Es gab keinen Mitgliedsausweis, den er vorzeigen musste. Heute waren alle gleich. Er hoffte auf viel Glück und gute Beute.

Es waren nur noch wenige Hundert Meter von der Bahn-Station bis zur Kirche am *Bramfelder Weg*. Doch sie zogen sich. Die Uhr zeigte inzwischen schon weit nach 23 Uhr. Kam er zu spät? Seine Habseligkeiten hatte er kurz vor Erreichen der Kirche in einem kleinen Wäldchen hinter einem Baum versteckt. Es war dort dunkel und keiner würde sie entdecken. Die Kirche selbst hatte eine eigenwillige Form. Wie ein übergroßes Saunafass. Jupp spürte, wie sein Herz vor Aufregung Sprünge machte. War es die Angst, erwischt zu werden, oder warum? Ihm wurde bewusst, es war nicht das erste Mal, dass er hier entlanglief. Er erinnerte sich an diese Gegend. Das machte die Sache nicht einfacher.

Menschen standen noch bis vor die Eingangstür zur Kirche und hörten der im Innern stattfindenden Andacht zu. Jupps Herz rutschte in die Hose. Vorbei mit dem Schuss. Wenn er nicht hineinkam in das Gotteshaus, gab es auch kein Geld von der Kanaille. Gerade war er völlig niedergeschlagen und im Begriff, zurück zur Bahn zu laufen, als die schwere Holztür der Kirche weit geöffnet wurde.

„Kommen Sie ruhig!“, rief eine sanfte Stimme. „Vorne sind die Gläubigen zusammengerückt. Sie müssen doch nicht frieren. Kommen Sie bitte herein!“

Jupp schloss sich der Gruppe an, und Sekunden später befand er sich in der Kirche. Im Gegensatz zum Duft aus der Pizzeria von eben, der ihn hungrig auf ein Abendessen gemacht hatte, roch es hier nach Myrrhe und Weihrauch. Ja, tatsächlich. Das beruhigte ihn. Vor allem sein Magen profitierte davon, und er sog die Atemluft mehrfach tief ein. Die Menschen standen eng an eng. Lautsprecher übertrugen eine Stimme, die biblischen Inhalt von sich gab. Eine Frau? Die Pastorin? Wer auch immer. Die Stimme hatte etwas Gnadenvolles. Es war ihm, als läse sie ihm, damals noch ein kleiner Bub, eine Gutenachtgeschichte vor. Es musste dieser Geruch im Raum sein. Hilflosigkeit übermannte ihn. Reiß dich zusammen! Wie sollte er weiter vorgehen? Wo war diese teure Krippe? Und wie kam er dorthin? Er konnte schlecht fragen: „Hallo, wo genau in der Kirche befindet sich die Krippe. Ich möchte einige Teile stehlen und sie verhökern.“ Er musste kichern, fühlte sich pudelwohl hier. Es schien nicht geheizt zu sein, jedoch tat die Körperwärme der vielen Menschen ihr Übriges, um für Wärme und Geborgenheit zu sorgen. Ein seltsames Gefühl überkam ihn. Eines, das er kannte. Von früher? Aus Zeiten, in denen er noch er selbst gewesen war. Ein echter Mensch und aus einer realen Vergangenheit, wie er das oft nannte. Besucher blickten ihn neugierig, zum Teil misstrauisch an. Ob sie ahnten, welches sein erklärtes Ziel war? Zeigte der liebe Gott mit einem übergroßen Finger von oben auf ihn herab, machte sie auf ihn aufmerksam? Es war ihm egal, dass sie flüsterten. Das kannte er schon aus dem echten Leben auf der Platte.

Einmal, so erinnerte er sich, war er in ein Haus eingebrochen. Das musste in Bergedorf oder Wilhelmsburg gewesen sein. Jupp wusste es nicht mehr genau. Er hatte die Terrassentür eingetreten und gelangte in eine Küche. Es war am späten Nachmittag. Es kümmerte ihn nicht, ob jemand ihn hörte. Das nahm er in Kauf. Die Wohnung schien leer. Doch er hörte aus dem Nebenzimmer ein Pumpgeräusch in seltsamem Rhythmus. Ein alter Herr lag dort, unbeweglich. Sauerstoff strömte durch einen kleinen Schlauch in seine Nasenlöcher. Still und mit großen Augen hatte der Mann ihn, den Eindringling, angeschaut. Jupp war erschrocken und ihm war bewusst geworden, dem Mann ging es noch schlechter als ihm. Er hatte die Flucht ergriffen. War gerannt, so schnell er nur konnte. Reiche zu bestehlen, war das eine. Aber einen Kranken auszunehmen … nein, das konnte er nicht.

Langsam lichtete sich die Menschenmenge im Gotteshaus. Die Stimme aus dem Lautsprecher hatte nachgelassen. Sein Kopf dröhnte. Jupp benötigte dringend einen Schuss. Zumindest einen Joint. Dieser Geruch hier drin machte ihn langsam wahnsinnig. Aus einer Ecke nahm er vermehrtes Kommen und Gehen wahr. Ob dort die Krippe stand? Er schlenderte hin. Nur kein Aufsehen erregen. Du bist ein einfacher Gläubiger, der diese einmalige Krippe bewundern möchte. Er stellte sich an. Schritt für Schritt ging es in eine ihm unbekannte Richtung. Endlich konnte er durch Arme und Oberkörper Krippenteile erkennen. Davor hatten sie eine Absperrung angebracht. Wie bei einem Rockkonzert. Ein heller

Stern über einem einfachen Stall leuchtete. Davor waren Tiere und Menschen aus geschnitztem Holz aufgestellt. Was war so besonders daran? Nichts! Zumindest konnte er es nicht einordnen.

Hier ging es zu wie im Taubenschlag. Einen Moment später stand er genau vor der Krippe. Sah in die Gesichter von Maria und Josef. Erinnerte sich plötzlich daran, eine Schwester zu haben. Hieß sie nicht sogar Maria? Das kleine magere Jesuskind lag auf Stroh in einer grob zusammengeschusterten Wiege. Gekleidet nur in eine dünne Windel. Daneben standen seine Eltern. Das Kind musste doch frieren? Frieren wie er? Warum legten sie es nicht zwischen die Schafe? Die trugen ein warmes Fell. Eines der Schafe war schwarz, die übrigen Tiere in schmutzigem Weiß. Jupp fiel sein Plan wieder ein. Gerade schien es, als hätten Menschen genug von der Krippe, und wandten sich ab. Spazierten zum Ausgang des Gotteshauses. Jupp lehnte sich weit über die Absperrung. Seine Hand wurde regelrecht geführt von einer anderen Macht und griff nach dem schwarzen Schaf. Was bedeutete das? Wollte ihm jemand klarmachen, dass er das schwarze Schaf war? Erst hatte er Bedenken, die Figur wäre festgeklebt. Doch sie ließ sich einfach anheben. War dazu extrem schwer. Und heiß. Sie verbrannte ihm die Haut. Am liebsten hätte er das dämliche Schaf fallen lassen. Doch dann würde es beschädigt werden. Was geschah hier? Es lag gerade in seiner Verantwortung, sich um das Wohlergehen des Tieres zu kümmern.

Eine Person trat nah hinter ihn. Ganz nah. Sie roch gut. Ein Geruch, den er zu kennen glaubte. Seine Nackenhaare stellten sich auf. Sein Atemrhythmus wurde schneller. Ob es Sicherheitskräfte waren, die ihn gleich wegbringen würden. Zumindest eine Nacht auf der beheizten Polizeiwache wäre ihm sicher. Ob sie ihm das schwarze Schaf entreißen würden? Gerade hatten sie zueinandergefunden. Die Leidgeplagten. Eine weibliche Stimme flüsterte ihm etwas ins Ohr. War es dieselbe wie aus dem Lautsprecher?

„Bist du das, Josef?"

Beim Namen wechselte der Tonfall in einen weinerlichen Ausdruck.

Ein Schauer, einem Infarkt ähnlich, trieb seinen Herzmuskel zur Höchstgeschwindigkeit an. Das Atmen fiel ihm plötzlich noch schwerer. Jupp stöhnte. Er spürte, dass er den Boden unter den Füßen verlor. Arme packten ihn. Hielten ihn so, wie man ein Kind hält. Sicher. Geborgen. Jupp drehte den Kopf zu der Stimme. Eine Frau in dunklem Talar und mit grauem Kurzhaarschnitt schaute ihn mit sanftem Blick an. Die Augen … war das nicht …?

„Mama!“, stöhnte Jupp, bevor er zusammenbrach.

„Ja, nun bist du zurück, mein kleiner Liebling. Ich halte dich!“

# Heiligabend auf dem Autobahnparkplatz

Schon Kilometer vor Hamburg hatte sich der Motorschaden angekündigt. Wilfried Bechsbach und seine Familie waren am heutigen Sonntag, den 24.12.2023, schon in der Früh aus Nürnberg weggefahren. Die gebürtigen Schleswig-Holsteiner waren mit dem Wagen auf dem Weg zu Wilfrieds Bruder, der mit seiner Familie noch immer in Oldenburg/Holstein im Haus der früh verstorbenen Eltern lebte. Gemeinsam wollten sie im Geburtsort Wilfrieds Weihnachten feiern. Im letzten Jahr kamen die Nordlichter nach Nürnberg und spazierten dort über den Christkindlesmarkt. Weihnachten 2023 war ein Gegenbesuch in Oldenburg geplant. Die Kinder der Brüder waren in nahezu gleichem Alter und so war auch die Vorfreude bei den Bechsbachs groß und die Angst vor der weiten Anreise geringer. Niemand hatte an diesem Tag damit gerechnet, dass das angekündigte Schmuddelwetter ab Hannover in Regenschauer umschlug und später zu extremem Glatteis.

So hingen Wilfried, Ehefrau Antje, der vierjährige Carsten und seine siebenjährige Schwester Frieda über drei Stunden bei laufendem Motor im alten Volvo auf der Autobahn A7 fest, bevor endlich ein Streufahrzeug eintraf und die Straße wieder befahrbar machte. Die kleine rote Motorkontrollleuchte im Armaturenbrett hatte schon einmal vor Kassel die Aufmerksamkeit des Fahrers erregt. Wilfried fuhr ab dieser Zeit wie auf rohen Eiern. Doch was nutzte es jetzt, irgendwo am Straßenrand stehen zu bleiben, die Haube zu öffnen und einen Blick ins Innere des Motorraums zu werfen? Der Wagen und sein Antriebsaggregat waren einfach alt. Das rote Warnlicht war zum Glück wieder erloschen. Wie von Zauberhand. Erst hinter Hannover brannte sich das Rot dauerhaft in Wilfrieds Iris und der 34-Jährige war sich sicher, das konnte nur Ärger bedeuten. Den Ölstand des Dieselmotors hatte er vor der Abfahrt überprüft. Daran konnte es nicht liegen. Auch der Sprit sollte laut Tankanzeige noch bis zum Ziel reichen. Der Volvo war einfach ein altes Schätzchen, Baujahr 2007. Sie hatten die dritte Generation des V70 bei ihrer Hochzeit ab Werk gekauft. Schon länger plante das Ehepaar eine Neuanschaffung. Aber bisher hatte es finanziell nie gereicht.

Eigentlich wollten sie sich schon gestern auf den Weg machen. Doch dann bekam Wilfried einen Anruf und er musste noch einmal zurück in die Leitstelle des *Kraftwerks Franken*. Dort hatte überfrierende Nässe einen Kurzschluss ausgelöst, und seine Urlaubsvertretung war nicht zu erreichen. Antje war verärgert. Aber sie kannte ihren Mann. Er nahm seinen Beruf als Elektroingenieur sehr ernst und dann mussten sie und die Kinder hintenanstehen. So kamen sie erst am Heiligen Abend los. Gegen acht Uhr am Morgen verließen sie die kleine Siedlung in Wetzendorf, der Außenstadt von Nürnberg. Es war kalt, doch die Sonne schien, als sie durch Mittelfranken in Richtung der Autobahn 7 fuhren. Die ersten Stunden verliefen gut. Doch ab Hildesheim war es wie verhext. Von einer Minute auf die andere wechselte das Wetter. Es begann zu regnen. Dazwischen auch mal leichtes Schneegestöber. Die Temperaturen fielen von anfänglich plus fünf auf minus zwei Grad. Und ab Hannover wurde es besonders schlimm. Im Verkehrsfunk warnten sie andauernd vor Eisglätte und baten die Autofahrer, die nicht dringend unterwegs sein mussten, zu Hause zu bleiben. Ihnen nutzte das nichts. Der Wagen stand irgendwann und sie mussten warten. Zum Glück war der Tank voll. Erleichtert hatten sie nach fast zehn Stunden Fahrt endlich die Landesgrenze von Hamburg erreicht. Die Kinder hatten sich gut gehalten, freute sich der Vater. Frieda hörte Musik auf Mamas Handy und war glücklich und der kleine Carsten eine Caillou-CD oder schlief. Im Innenraum des Volvos war es mollig warm. Antje hatte Gebäck und belegte Brote eingepackt. Dazu eine Thermoskanne Kaffee und für die Kinder Saft. Doch inzwischen war alles aufgebraucht. Vielleicht befand sich noch etwas Kaffee in der Kanne. Beim ersten Tankstopp vor Hannover durften sich die Kinder etwas Süßes kaufen. Aber auf weitere Ausgaben hatten sie verzichtet. Eigentlich sollte das gemeinsame Abendessen in Oldenburg gegen 20 Uhr stattfinden, doch was brachte es, wenn die Bäuche schon voll waren. Die Bescherung allerdings rechtzeitig zu erreichen, war nicht mehr zu schaffen.

Kurz hinter dem Dreieck Hamburg-Südost, nach dem Wechsel auf die A1, begann der Motor zu stottern. Er fing sich erst wieder und Hoffnung keimte beim Fahrer auf. Schließlich verweigerte er endgültig seinen Dienst. Zum Glück war der Verkehr auf der Autobahn weniger geworden, und nur im Schritttempo und vereinzelt wurden sie im Mix aus Regen und Schnee von Fahrzeugen überholt. Wilfried ließ den Wagen ausrollen und hielt auf dem Seitenstreifen.

„Was ist?", fragte Antje. Obwohl ihrem Mann klar war, sie wusste die Antwort. Doch sie hoffte sicher auf eine beruhigende Aussage. Frieda hatte einen Ohrstöpsel herausgezogen und schaute neugierig durch den Rückspiegel in das Gesicht ihres Vaters. Sie war schon sehr erwachsen für ihr kindliches Alter. Ihr konnte man nichts mehr vormachen. Wilfried wartete einen Moment. Dann startete er den Dieselmotor. Es dauerte eine Weile, dann sprang er tatsächlich wieder an. Auch die Batterie war nicht mehr die beste, spürte der Fahrer beim Drehen des Anlassers. Oft würde er den Motor nicht mehr starten können. In Oldenburg mussten sie die Batterie unbedingt aufladen lassen, bevor sie nach Weihnachten zurückfuhren. Wilfried war schon vor wenigen Hundert Metern das Schild mit dem Hinweis auf einen Parkplatz ins Auge gefallen. Es musste ihm gelingen, den Volvo dorthinzubringen. Dort waren sie sicher und konnten gegebenenfalls den ADAC rufen.

Ein Blick in den Außenspiegel: Keine Lichter! Das verhieß nichts Gutes. Wie oft hatte Wilfried von fahrzeugleeren Straßen geträumt, wenn er in und um Nürnberg unterwegs war. Doch nicht wie heute aus Gründen der Witterung, die auch ihn betrafen. Er ließ die Kupplung kommen. Die Vorderreifen drehten durch, bekamen keinen Grip. Glätte, sogenanntes Blitzeis, machte die Straße nahezu unbefahrbar. Im Wagen war es still geworden. Nur die piepsige Stimme *Caillous* war zu hören. Endlich griffen die Gummis etwas und der Wagen bewegte sich. Er schlitterte, doch Wilfried konnte ihn letztendlich in der Spur halten. Ein Schild im Scheinwerferlicht zeigte an, dass es zum Parkplatz noch 500 Meter waren. 500 lange Meter. Eine Distanz, die ihm sicher einiges abverlangen würde.

Endlich hatte der Volvo die Einfahrt des Parkplatzes erreicht. In einem Tempo, bei dem die Familie hätte nebenherlaufen können. *Boberger Niederung* hatte Wilfried gelesen. Zu seiner Verwunderung war der kleine Parkplatz fahrzeugleer. Er rollte bis vor das Toilettengebäude, und der Motor nahm den Halt zum Anlass, seine Tätigkeit gänzlich einzustellen. Carsten hatte die CD ausgeschaltet und wollte wissen, ob sie schon bei Tante und Onkel angekommen waren.

„Nein, mein Schatz!", übernahm Antje die Antwort. „Wir haben ein kleines Problem mit dem Auto. Aber gleich geht es weiter, nicht, Papa?"

Wilfried hatte schon die Wagentür geöffnet und war dabei auszusteigen. Er steckte den Kopf wieder zurück ins Wageninnere. „Aber sicher doch!"

Er schnappte nach Luft und überlegte die weitere Vorgehensweise. Die Nässe peitschte sturmartig um seinen kahl rasierten Schädel. Lange würde er hier ohne Mütze nicht stehen können. Aus eigener Kraft kamen sie heute nicht mehr weiter. Das war ihm klar. Sein Navi hatte noch knapp 100 Kilometer bis zum Ziel angezeigt. Sicherlich könnte er den Bruder anrufen. Ihn bitten, sie abzuholen. Aber machte es Sinn, Ronny diesem Wetter und den gefährlichen Straßenverhältnissen auszusetzen? Nein, eher nicht. Also blieb nur der ADAC. Er war nie Mitglied im Verein geworden. Obwohl sie ihm im nahe gelegenen Einkaufscenter schon zigmal darauf angesprochen hatten. Aber bisher brauchte er ihn auch nicht. Pannen waren bei einem Volvo eher selten, und wenn die Batterie im winterlichen Nürnberg doch mal streikte, gab es genügend hilfsbereite Mitmenschen, die ihm mit Batteriespannung aus ihrem Wagen aushalfen. Das notwendige Kabel lag stets im Kofferraum.

„Ja, hallo! Hier spricht Ihr ADAC, wir werden Ihnen helfen …!"

Die weibliche Stimme klang freundlich und eifrig, und Wilfried war voller Hoffnung, schnell von hier wegzukommen. Gerne auch mit einem Ersatzwagen oder der Bahn. Ihm war alles recht. Nur nicht stehen bleiben. Im Dunkeln auf einem leeren Autobahnparkplatz.

„Ich habe eine Panne …!", entgegnete der Mann, als er hörte, dass die weibliche Stimme weitersprach. „Zurzeit sind aufgrund der Verkehrslage alle unsere Annahmeplätze belegt. Versuchen sie es bitte später wieder. Vielen Dank!" Ein Anrufbeantworter!

Natürlich, es war Heiligabend. Wer wollte da schon arbeiten? Da wurden selbst auf seinem Arbeitsplatz heute die Bereitschaftsplätze ausgedünnt. Der kalte Regen peitschte ihm noch immer ins Gesicht, als er einen großen Lkw bemerkte. Er stand hinter der Toilette und war ihm bisher nicht aufgefallen. Wieso eigentlich nicht? Sicher war die Ursache der starke Regen, der eine Gischtwand vor ihm errichtet hatte. Der Truck war rot lackiert und um die knallrote Plane glühten Tausende kleiner LEDs. Ihm fiel dabei diese *Coca-Cola*-Werbung ein, wie sie jedes Jahr vor Weihnachten im Fernsehen zu sehen war.

Die Straßensituation auf der A1 war für Wilfried von größtem Interesse. Was nutzte eine Zusage des ADAC, einen Servicewagen zu schicken, wenn die Straßen eh nicht befahrbar waren. Und genauso sah es aus. Keine Fahrzeuge fuhren auf der Autobahn am Parkplatz vorbei und es erinnerte den begeisterten Science-Fiction-Leser an einen Endzeitfilm: Allein, mit Familie auf einem verlassenen Parkplatz. Die einzigen Überlebenden: Er, seine Frau und die beiden Kinder!

„Wilfried, wie geht es weiter?", rief eine Stimme durch den Wind. Antje hatte die Tür geöffnet und war in den Regen getreten. Sofort wurden ihre Haare feucht und das Blonde, das er an ihr so mochte, dunkelte in Sekundenschnelle.

„Setz dich bitte wieder rein, Schatz. Sonst kühlt der Innenraum ab!"

Sie hatten eine Wolldecke im Auto. Diese war schon seit dem Stau im Einsatz. Zum Glück hatten sie die Decke nach einem sommerlichen Picknick am *Wöhrder See* im Kofferraum vergessen.

Erneut wählte er die Nummer des ADAC und wieder sprach nur die Stimme vom Band. Er musste in den Wagen, sonst holte er sich den Tod. Als er die Fahrertür öffnen wollte, stellte er fest, dass sie verschlossen war. Er wischte die Feuchtigkeit von der Fensterscheibe, klopfte und ein Klacken verriet ihm, das Antje die Türen entriegelt hatte.

„Was ist los, hast du Angst?", fragte er etwas genervt. Seine Frau kauerte auf dem Beifahrersitz und scrollte über das Display ihres Smartphones.

„Ja, vielleicht!" Ihre Stimme wurde leiser. „Weißt du, dass wenige Hundert Meter von hier die Justizvollzugsanstalt Billwerder liegt?"

Wilfried konnte mit dieser Aussage wenig anfangen. Er zuckte mit den Schultern. „Und wenn schon! Wir müssen etwas unternehmen, sonst verbringen wir die Nacht hier im Wagen."

Die Kinder hatten mitgehört. Schauten mit großen Augen zu den Eltern. Die Wolldecke bis zum Kinn hochgezogen, spürten auch sie die Kälte, die sich langsam im Innenraum des Volvos breitmachte.

„Kannst du den Motor noch mal starten! Vielleicht …!" Wilfried wusste, was seine Frau meinte.

Doch der Diesel hatte kein Erbarmen mit der Familie aus Mittelfranken. Der Anlasser drehte zwar noch mit genügend Kraft. Aber der Motor sprang nicht an.

„Und jetzt?" Hörte er da etwa Panik in Antjes Stimme?

„Ich muss unbedingt den ADAC erreichen!" Doch der Fahrer wusste, dass die Chance auf Rettung aus dieser misslichen Lage durch den Pannendienst extrem schlecht war. Er griff seitlich der Kopfstütze nach seinem Mantel. Frieda hatte ihn bisher zerknüllt als Kissen benutzt. Er zog ihn über.

„Zieh dir etwas Warmes an, Schatz. Auch eine Mütze. Es wird kalt werden. Und kümmere dich bitte auch um die Kinder. Es kann ungemütlich werden in den nächsten Minuten". Mit diesen Worten verließ er den Volvo.

Draußen stürmte ein nordischer Wind und peitschte den kalten Regen gegen seine Wangen. Noch immer war kein Fahrzeug seitlich des Parkplatzes auf der A1 zu sehen. Vielleicht hatten sie die Autobahn gesperrt. Aus Sicherheitsgründen. Das gab es in Bayern öfters. Bestimmt würde man zur gegebenen Zeit auch die Parkplätze überprüfen. Auf liegen gebliebene Fahrzeuge. Wilfried lief zur Toilette. Sie war in einem relativ sauberen Zustand und er fühlte, hier war es etwas wärmer als neben dem Fahrzeug. Er hatte die Verantwortung für die restlichen Familienmitglieder. Musste nun eine Entscheidung treffen. Warten war keine Option. Sie mussten hier weg. Aber er wusste, dass der Wunsch Vater des Gedankens war. Ein letztes Mal versuchte Wilfried den ADAC zu erreichen und tatsächlich sprach plötzlich eine menschliche Stimme am anderen Ende der Leitung.

„Hallo, mein Name ist Wunschbauer, wie kann ich Ihnen helfen!"

„Wir sitzen hier auf einem Parkplatz bei Hamburg fest. Der Motor springt nicht mehr an. Können Sie jemand vorbeischicken?"

Die Dame verlangte erst seine Mitgliedsnummer und schon da musste Wilfried passen.

„Das ist kein Problem, Herr Bechsbach. Wir lassen Sie nicht im Stich. Aber ich muss Ihnen sagen, alle Autobahnen um Hamburg sind wegen Eisglätte gesperrt. Unsere Teams sind unterwegs, den liegen gebliebenen Menschen in den Fahrzeugen heißen Tee und Decken zu bringen. Aber ich habe es mir notiert: *Parkplatz Boberger Niederung*. Bitte bleiben Sie im Auto. Und wenn Sie den Wagen doch wieder zum Laufen bringen, geben Sie uns bitte Bescheid. Dann kann ich den Techniker zu einem anderen Hilfesuchenden schicken. Also, es kann dauern. Rechnen Sie nicht mit einer Stunde. Eher mehr. Aber ich verspreche Ihnen und Ihrer Familie, wir lassen Sie auch am Heiligen Abend nicht im Stich!“

Wilfried bekam wieder etwas Hoffnung. Dass er nun die Mitgliedschaft im ADAC antreten musste, empfand er als kleinstes Übel des Abends. Er informierte noch schnell Ronny telefonisch von der Verspätung mit der Notlüge, der ADAC sei unterwegs. So nahm er der Familie in Oldenburg die Angst. Sollten alle Stricke reißen, würden sie die Nacht im Hotel verbringen. Er versprach, sich zu melden, und wünschte ihnen eine schöne Bescherung.

Nachdem er zurück im Wagen war und Antje beruhigt hatte, überfiel ihn Müdigkeit. Auf dem Rücksitz war alles ruhig. Die Kinder waren eingeschlafen und kuschelten zusammen unter der wärmenden Decke.

Er wusste nicht, wie lange er eingedöst war. Doch plötzlich wurde er durch leises Klopfen seitlich seines Ohres wach. Die Fenster waren von innen beschlagen und er spürte, dass seine Nase halb eingefroren war. Die Temperaturen im Fahrzeug waren mehr als ungemütlich. Doch das leise Atmen der Kinder und Antje verriet ihm, alles war noch in Ordnung. Wilfried musste erst einmal mit dem Ärmel des Mantels für Sicht sorgen. Er blickte in das Gesicht eines alten Mannes mit weißem Zottelbart und erschrak. Ob der ADAC solche alten Männer mit Servicewagen losschickte, fragte er sich und suchte hinter dem Unbekannten nach einem gelben Fahrzeug. Da war weit und breit nichts zu sehen und er zögerte kurz, die Tür zu öffnen. Antje bewegte sich, schlief aber weiter. Sie fror, man konnte es an ihrer Gesichtsfarbe erkennen. Vorsichtig öffnete er die Tür. Der Alte draußen hatte einen Schritt zurückgemacht. Wohl um ihm zu signalisieren, von ihm ginge keine Gefahr aus. Erst jetzt bemerkte Wilfried, dass er eine dieser dämlichen roten Weihnachtsmützen trug. Nun, ihm konnte das egal sein. Er schloss vorsichtig die Wagentür und trat zu dem Mann. Noch immer waren der rote Truck und der Volvo die einzigen Fahrzeuge auf dem Parkplatz.

„Ja, was ist?“, fragte Wilfried trotzig und ärgerte sich gleich über die ruppige Ansprache. Es war Weihnachten und aufgrund der Probleme mit seinem Wagen musste er den Ärger nicht an anderen auslassen.

Der Mann nahm die Frage gelassen.

„Du Problem?“

Wilfried nickte. „Motor kaputt!“ Er hatte dem Mann automatisch in der vorgegebenen Ausdrucksweise geantwortet.

„Frau, Kinder …?“, wollte der Alte wissen.

Wilfried wurde es etwas mulmig zumute. Warum wollte er das wissen? Aber der Mann sah gebrechlich und alt aus. Den würde er bei einem Angriff umhauen wie nichts.

„Ja, meine Frau. Und zwei Kinder. Warum willst du wissen?“

„Du, Frau, Kinder, frieren. Kommen in meinen Truck. Heizung. Warm und Kaffee! Saft für Kleine!“

Wilfried glaubte seinen Ohren nicht zu trauen. Der Mann bot ihnen einen warmen Ausweg an. Es gab doch einen Allmächtigen, der auf sie aufpasste. Doch spürte er auch Skepsis. So viel hatte man schon gehört von Familien, die auf Rastplätzen ausgeraubt wurden. Sie hatten etwas Bargeld dabei, vielleicht fünfzig oder maximal hundert Euro. Ansonsten zahlten sie inzwischen alles mit der EC-Karte. Plötzlich schreckte ihn das Geräusch einer sich öffnenden Tür auf. Antje stand mit verschlafenem Blick auf der gegenüberliegenden Fahrzeugseite und fragte unter leichtem Zittern: „Ist der ADAC da?“

„Nein, nein! Noch nicht! Aber der Herr fragt, ob wir uns in seinem Truck etwas aufwärmen möchten!“ Wilfried zeigte in Richtung der roten Plane.

Antjes Blick wechselte zum Fahrzeug, und als im Innern Bewegung aufkam, nickte sie. „Eine gute Idee. Vielen Dank. Ich mache die Kinder fertig.“

Wilfried schätzte den Innenraum der Fahrerkabine auf etwa fünf Quadratmeter. Es roch im Truck weihnachtlich nach Spekulatius. Vorne am Fenster leuchtete ein kleiner Plastiktannenbaum in unterschiedlichen Farben, und auch sonst hatte der Fahrer des Trucks nicht an LEDs gespart. Die Kinder waren vor Freude gerannt. Mehr das Abenteuer, in einem Lkw zu sitzen, bereitete ihnen Spaß, als die Aussicht auf wohlige Wärme. Wilfried selbst war noch immer skeptisch. Aber als er den ruhigen und ausgeglichenen, nahezu verklärten Blick seiner langjährigen Ehefrau sah, wurde auch er ruhig und ergab sich in die gemütliche Atmosphäre des Lkws und seines Besitzers.

„Kaffee?“, fragte der Mann, der sich als Mikołaj aus Borówiec in Polen vorstellte. Er hatte die Mütze kurz abgezogen und den Kopf geneigt. Sein silbernes Haar war noch dicht, dachte Wilfried, der schon seit seiner Jugend unter extremem Haarausfall litt und aus diesem Grund seinen Kopf rasierte. Antje hatte genickt auf die Frage nach dem Getränk und auch

Wilfried zog nach. Als der Mann drei Tassen Kaffee in einem kleinen Automaten bereitete und als Erster davon schlürfte, war seine Skepsis verflogen. Die Kinder bekamen Saft aus kleinen Dosen, die Mikołaj aus einem Minikühlschrank über dem Fahrerhaus zog. Überhaupt war die Kabine sehr praktisch eingerichtet. Ein Vorhang verschloss im Handumdrehen die Sicht Fremder in den Innenraum. Staufächer beinhalteten wohl Kleidungsstücke und Utensilien. Und hinter den Sitzen befand sich eine große Liegefläche. Darauf lag eine bunte Steppdecke, bedruckt mit kleinen Weihnachtsmotiven. Schnell fühlten sich Carsten und Frieda wohl, und der Alte hatte seine Freude dabei. Er erlaubte es ihnen, sich hinten auf sein Bett zu setzen. Auch Antje nahm dort Platz. Wilfried übernahm den Beifahrersitz, der gefedert und bequem war wie ein Wohnzimmersessel. Ein leises Summen verriet den Betrieb einer Standheizung, wusste der Elektroingenieur, und durch die Düsen im Armaturenbrett entwich warme Luft. Es war toll, dass der Alte ihnen das ermöglichte. Wie konnte er ihm nur danken? Hin und wieder schaute Wilfried nach draußen. Hoffte trotz der Annehmlichkeiten endlich auf das Auftauchen des Pannendienstwagens. Doch nichts tat sich. Er hatte Mikołaj so verstanden, dass er die ganze Nacht hier blieb und erst morgen weiterfuhr.

„Prezenty świąteczne?”, sprach der Alte die Kinder an und sie schauten fragend zu ihren Eltern.

„Weihnachtengeschenke?“, erklärte er grinsend und stieg aus dem Truck. Antje und Wilfried schauten sich an und seine Frau zuckte mit den Schultern. Hinter ihnen waren Geräusche zu hören, als öffnete jemand eine schwere Tür. Dann fiel diese Tür mit Knall zu und Mikołaj kletterte gewandt zurück auf den Fahrersitz. In der Hand hielt er zwei mit Geschenkpapier umwickelte Kartons. Einen hielt er Frieda hin. Den anderen Carsten. Die Eltern waren sprachlos, und erst als die Kinder sie fragend anschauten, nickten diese. Sofort rissen sie das Papier unter lautem Freudenschrei ab. Das Geschenk für Carsten entpuppte sich als ein Legobaukasten für Kinder im Alter von drei bis fünf Jahren. Es handelte sich um einen roten Truck, den man zusammenbauen musste. Frieda erhielt eine Puppe. Sie konnte sprechen und die Augenlider bewegen. Dazu konnte man sie über Bluetooth verbinden. Das hatte das Mädchen sofort bemerkt. „Oh, Mama, Papa, darf ich die tolle Puppe behalten? Schon lange habe ich mir die gewünscht. Bitte! Bitte!“

Die Eltern wussten noch immer nicht, was sie sagen sollten. Der Alte grinste nur und sein Gesicht zog sich in Freudenfalten. Als er sah, wie die Eltern mit sich rangen, meinte er: „Hinten viel Geschenke! Für Kinder! Weihnachten!“

„Also gut!“, erklärte Antje, die zuerst wieder Worte fand. „Ihr dürft die Geschenke behalten.“ Die Kinder wollten den Alten umarmen, aber der winkte ab und hatte sich aufgerichtet. Dem Kühlschrank entnahm er drei kleine Flaschen Sekt. Er hielt Antje und Wilfried je eine hin und öffnete den Drehverschluss seiner Flasche.

„Ich muss … vielleicht noch fahren …!“, stotterte Wilfried. Doch Mikołaj schüttelte den Kopf und erklärte: „ADAC morgen früh. Heute viel glatt, Problem. Od dołu do góry!“ Er hielt die Flasche hoch und es war klar, er prostete ihnen zu. Die drei tranken einen Schluck Sekt und das bisher gute Gefühl steigerte sich noch. Was hatten sie doch für ein Glück, auf Mikołaj und seinen roten Truck gestoßen zu sein. Die Kinder spielten mit den Geschenken, bis sie vor Müdigkeit ihre Augen nicht mehr offen halten konnten. Dann legten sie sich auf die Seite und schliefen ein. Wenige Minuten später war auch Antje eingeschlafen. Wie gerne hätte sich Wilfried mit Mikołaj unterhalten. Aber er sprach kein Polnisch und mit Englisch wollte er die angenehme Stimmung nicht versauen. Er sandte eine WhatsApp an Ronny und die Familie: „Wir sind im Hotel. Alles ist gut. Melden uns morgen. Tut uns leid, dass es heute nicht geklappt hat. Dafür feiern wir morgen umso mehr! Liebe Grüße Wilfried, Antje, Frieda und Carsten!“

Wilfried erwachte von Fahrzeuggeräuschen. Er öffnete die Augen und schaute aus der Frontscheibe des Trucks. Es war inzwischen hell draußen. Der Regen hatte aufgehört. Es schien trocken zu sein und auf der Autobahn herrschte wieder reger Betrieb. Rechts bemerkte er ein Servicemobil des ADAC. Es hatte sich vor den Volvo gestellt. Die Motorhaube stand offen und es schien, als sei ein Techniker dort schon längere Zeit am Arbeiten. Wilfried schaute neben sich auf den Fahrersitz des roten Lkws. Mikołaj war nicht zu sehen. Auch Antje und die Kinder nicht. Das Bett im hinteren Bereich war leer und die bunte Steppdecke lag zusammengefaltet darauf. Er bekam etwas Angst, öffnete die Wagentür und sprang nach draußen.

Der Mann vom Pannendienst hing fast mit dem ganzen Oberkörper im Motorraum und erschrak, als Wilfried auf ihn zusprang. Er stieß sich den Kopf an der Haube, aber er grinste verlegen.

„Moin, ich dachte mir, dass Sie im Waschraum sind. Ich habe extra leise gearbeitet. Die Kinder schlafen noch. Innen ist es sicher schön warm. Hatten sie einen Lüfter in Betrieb?"

Wilfried verstand nicht, und der Mann schien es ihm anzumerken.

„Also … der Wagen sollte wieder laufen. Es ist immer das Gleiche mit den alten Volvos. Die Wirbelklappenbetätigung hat sich ausgehängt und war schuld an dem Motorkollaps. Ich habe sie ausgetauscht und nun müssen wir nur noch den Papierkram erledigen. Sie sind kein Mitglied im ADAC?" Der Mann verschwand zu seinem Wagen.

„Nein, nein, aber ich bin Ihnen … sehr dankbar!", stotterte Wilfried und ergänzte: „Ich werde natürlich beitreten!"

Wilfried warf einen Blick in das Wageninnere. Antje und die Kinder schliefen tatsächlich noch, und die Wagenscheiben waren auch nicht beschlagen. Er wusste nicht, was er davon halten sollte.

Der Mann war schon mit einem Klemmbrett und einem Papierbogen darauf zurück. „Nur noch bitte hier unterschreiben!"

Wilfried wollte vom Techniker wissen: „Was meinten Sie genau mit Waschraum? Wir haben die Nacht in diesem roten Truck verbracht. Ich bin gerade dort ausgestiegen!" Er wies, während er unterschrieb, mit der freien Hand nach hinten.

„Welcher rote Truck?", erklärte der Mann fragend.

Wilfried schaute sich um. Der Volvo und der gelbe Wagen des Pannendienstes waren die einzigen Fahrzeuge weit und breit. Als der freundliche Helfer sich verabschiedet hatte, öffnete Wilfried vorsichtig die Wagentür. Carsten und Frieda schliefen noch ruhig und fest. Frieda hielt ihre Puppe im Arm.

Antje öffnete die Augen. Sie streckte sich, und erst jetzt merkte Wilfried, dass seine Frau im Shirt auf dem Beifahrersitz lag. Es war angenehm warm im Wagen. Antje grinste ihn liebevoll an. „Guten Morgen, mein Schatz. Jetzt fahren wir aber zu Ronny und Kerstin, oder?"

Wilfried verstand die Welt nicht mehr, aber er nickte und startete den Motor.

# Eiskalt erwischt!

Der rote *Porsche 911 Sport Classic* verließ die A1 an der Ausfahrt Stillhorn und schleuderte im Schnee auf die *Kornweider Straße*. Es freute den Fahrer sichtlich, den Sportwagen zu übersteuern. Er spielte mit Bremse und Gaspedal, um ihn abzufangen und in der richtigen Spur zu halten. Jobs Mühlberg, der Mann am Lenkrad des 550-PS starken Sechszylinders, war ein professioneller Autodieb. Und er ging auf in seinem Job. Am liebsten hätte er sich Visitenkarten drucken lassen, worauf ‚*Professioneller Autodieb*' mit dem Zusatz ‚*für hochpreisige Sportwagen*' stand. Sollten jemals Sterne wie für Restaurants auch für Autodiebe vergeben werden, so rechnete er selbst mit mindestens zwei, eher drei der begehrten Auszeichnungen.

Seit über zehn Jahren im Geschäft, stahl und lieferte er die von Kunden gewünschten Modelle, und noch nie hatte man ihn erwischt. Mittels Handbremse und Gaspedal schleuderte er den Porsche in die *Finkenrieker Hauptdeich* und beschleunigte auf dem weißen Belag in Richtung Süderelbe. Die Autobahn war zwar von den Mitarbeitern der Autobahnmeisterei geräumt worden. Doch hier im Ländlichen, auf der wenig befahrenen Straße, verließ man sich bloß auf den Split. Das musste genügen, um den mageren Verkehr am heutigen 2. Weihnachtsfeiertag fließen zu lassen. Mühlberg hatte sich diesen Tag ausgesucht, um den seltenen *Porsche 911 SC* aus der Halle eines Sammlers im Norden Hamburgs zu entwenden. Überhaupt war die kalte Jahreszeit zur Beschaffung von Sportwagen die allerbeste. Die Besitzer sonnten sich in der Karibik und ließen ihre Lieblinge in den beheizten Garagen zurück. „Bloß kein Salz an das Chassis des teuren Sammlerobjekts kommen lassen!", hieß die Devise. Mühlberg grinste beim Gedanken daran, was der Besitzer sagen würde, wenn er seinen Liebling hier über Salz und Split heizen sehen könnte.

Der 53-jährige Hamburger hatte nicht nur Spaß am Diebstahl von solchen teuren Sportwagen, er war auch europaweit einer der wenigen,

der die Kombination aus technischem Know-how und wichtigen Informationen zum Stellplatz der Luxuskarossen besaß.

Ein einsamer Schneepflug kam ihm entgegen und Mühlberg bremste den Wagen ab. Er schaltete zurück in den zweiten Gang. Die Lehre hatte der Autobesessene nach dem Abitur 1998 im Hamburger Porschezentrum begonnen. Mechatroniker wollte er werden. Ein Lehrberuf, der gerade in der Bundesrepublik neu eingeführt worden war. Statt dem Rat seines Vaters zu folgen und Jura zu studieren, schraubte Jobs für sein Leben gerne in der heimischen Doppelgarage am Billstedter *Kaspar-Siemers-Stieg* an Automotoren. Er mochte es, abends mit schwarzen Fingernägeln ins Bett zu gehen. In der modernen Hamburger Werkstatt war man begeistert vom wissenshungrigen jungen Lehrling und gab ihm Einblicke in alles, was ein hoch qualifizierter Porsche-Mechatroniker wissen musste. Der Zusammenschluss der bisherigen Berufe Kfz-Mechaniker, Kfz-Elektriker und Automobilmechaniker waren für den jungen Mann genau das, was er so liebte: an teuren Autos schrauben, aber auch die immer weiter in den neuen Modellen voranschreitende Digitalisierung zu begreifen. Nach Abschluss seiner Lehre mit Bestnote setzte man den 22-Jährigen immer häufiger für Wartungen und Reparaturen teurer und seltener Porsche-Modelle ein. Man wusste vom Verantwortungsbewusstsein Mühlbergs, und bald war er der erste Ansprechpartner für über die Landesgrenzen hinweg bekannte Autoliebhaber und -sammler, die Fragen zu ihren Schätzen hatten.

Erneut musste Mühlberg den Wagen leicht abbremsen. Sofort versuchte der Heckantriebler auszubrechen. Er war zu schnell geworden. Trotz des fehlenden Allradantriebs war das für den versierten Fahrer kein Problem. Vorsichtig, aber doch in einer für Ungeübte hohen Geschwindigkeit schlenzte er den Wagen durch die lang gezogene Kurve in Richtung des Teichs und schaltete einen Gang höher.

Mit knapp dreißig Jahren arbeitete Mühlberg schon als Monteur beim ‚*Porsche Rennstall Project 1*'. Nur wenige Jahre später leitete er, nach seinem mit Bravour absolvierten Ingenieursfernstudium, das Rennsport-Team. Doch das war für den zielstrebigen jungen Mann weder Fisch noch

Fleisch. Die Bezahlung ging in Ordnung. Ruhm brachte es ihm keinen ein. Man fand sich nur im Kleingedruckten wieder, wie Schauspieler kleinerer Rollen in den mit Oscars ausgezeichneten Hollywoodfilmen.

Damals reifte der Gedanke, etwas Besonderes aus seiner Berufung zu machen. Natürlich war es nie sein Ziel gewesen, Dieb zu werden. Als sein Vater starb und er als Alleinerbe des Hauses beide Garagen für seine Zwecke nutzen konnte, war er auf der Suche nach einem Porsche, den er sich von seinem Ersparten leisten konnte. Bei einem Verkaufsgespräch auf seinem vertrauten Hamburger Arbeitsplatz gelangte er durch Zufall an eine Datei mit allen Porsche-Kunden der Firma. Sie betraf Sammler von alten Modellen ebenso wie die der teuren neuen Luxus-Karossen. Er kannte nun die Adressen von Sammlern bis hoch nach Schleswig-Holstein, rüber nach Meckpomm, aber auch bis ins nördliche Niedersachsen. Oft saß Mühlberg vor der langen Liste mit Schätzen und überlegte, wie er daraus Kapital schlagen konnte. Inzwischen hatte der Sportwagenhersteller die Alarmanlagen digitalisiert und mit zusätzlichen Sensoren ausgerüstet, die sowohl bei Aufbruch der Schlösser als auch auf Erschütterungen des Wagens reagierten. Auch Innenraumüberwachung war dank moderner Ultraschalltechnik inzwischen möglich. Diebstahlversuche wurden umgehend an eine Überwachungsfirma gemeldet, sodass der Besitzer bei einem Diebstahlversuch sofort informiert wurde.

Diese Technik hatte Mühlberg von Anfang an fasziniert. Wissbegierig nahm er an jeder vom Arbeitgeber angebotenen Weiterbildung teil.

Erst als Porsche das *Classic Vehicle Tracking System*, ein autarkes Sensorpaket, das an verborgenen Stellen im Fahrzeug integriert wird und mit einem europaweiten Sicherheitsnetz kommuniziert, serienreif in seine Wagen verbaute, gefiel ihm der Gedanke, Fahrzeuge zu stehlen und zu verkaufen. Die Nachfrage hatte ihn fast erschlagen. Nie hatte er geglaubt, dass der Markt so groß und das Interesse an gestohlenen Fahrzeugen der Luxusklasse so riesig war. In Ostdeutschland gab es eine enorme Nachfrage. Inzwischen arbeitete er seit Jahren erfolgreich und stahl nicht nur Fahrzeuge vom Hersteller Porsche, sondern auch andere ab einem Wert von 300.000 Euro aufwärts. Sie konnte man bei ihm im Darknet bestellen.

Anfänglich hatte er einen Wagen pro Monat gestohlen und in einer Nacht- und Nebelaktion in seiner Billstedter Garage abgestellt. Dort wurde der Wagen sofort stromlos geschaltet und dazu alle Batterien, die ohne Bordnetz arbeiteten, ausgebaut. Die Zeit war knapp, bevor jemand den Wagen als gestohlen meldete, das System auslöste und somit seinen Standort verriet.

Nach und nach wurde Mühlberg klar, dass der eigene Wohnort nicht auf Dauer geeignet war. Auch erhöhten sich die Anfragen, und der Verdienst von fünfzigtausend Euro und mehr waren extrem verlockend.

So kaufte er sich bald einen 40-Fuß-Seecontainer und stellte ihn zentral im Hamburger Außenbereich ab. Im Container baute er das benötigte technische Equipment ein, um die gestohlenen Fahrzeuge von allem Ballast zu befreien, der notwendig war, einer Entdeckung zu entgehen. Dazu hatte er bei einer Länge von zwölf Meter und einer Breite von 2,34 Meter noch genügend Platz, um am Fahrzeug vorbei in den hinteren Bereich des Containers zu gelangen. Zum Reifenwechsel taugte der geringe Platz eher nicht. Auch sein aktuelles Körpergewicht durfte er nicht verändern, hatte er sich geschworen. Des Öfteren war es ratsam geworden, den Stellplatz des Containers zu verändern. Aktuell stand er am *Buschwerder Winkel.* Dort war wenig Betrieb und Mühlberg hatte eine Abstellfläche angemietet. Weit und breit gab es keine Videoüberwachung. Die Strecke dorthin hatte er immer wieder abgefahren und überprüft. Der Container stand bestens. So, dass er nach dem Diebstahl des Wagens aus einer Halle oder Tiefgarage hier nicht überwacht und entdeckt werden konnte. Also ideale Voraussetzungen für einen Autodieb. Wichtig war, dass das Fahrzeug innerhalb von spätestens 60 Minuten im Container verschwand. Nur dort war es abgeschottet von GPS und durch die von ihm aufgebrachte Innenabschirmung auch frequenzgeschützt.

Der plötzliche Schneefall hatte Mühlberg unter Zeitdruck gebracht. Mit Tiefsttemperaturen und der weißen Pracht hatte er nicht gerechnet. Den Wagen konnte er vor etwa 45 Minuten aus einer Garage in Volksdorf stehlen. War sofort auf die Autobahn gefahren. Und stand erst einmal eine Weile bei erhöhtem Herzschlag, bis die Bahn geräumt war. Er blickte nervös auf die Uhr. In weniger als zehn Minuten sollte der Wagen im Container abgestellt sein, sonst konnte er nicht mehr für die Umsetzung seines Plans garantieren. Nur einmal im letzten Jahr war das vorgekommen. Als Hochwasser eine Straße plötzlich unpassierbar gemacht hatte.

Er musste den Porsche Cayenne Turbo GT aufgeben und mit der S-Bahn zurück nach Billstedt fahren. Ein herber Verlust, aber auch eine kleine Narbe in Mühlbergs Selbstbewusstsein. Der Kunde war not amused. Aber so war das Geschäft, Garantien gab es keine.

Die Bäume seitlich des kleinen Weihers kamen in Sicht. Nur noch zwei Kilometer trennten ihn vom *Buschwerder Winkel,* und der 911 Sport Classic würde auf Nimmerwiedersehen für den Besitzer im Container verschwinden. Er plante, beim *König-Georg-Deich* abzubiegen, um endlich mal den vierten Gang einlegen zu können.

Plötzlich bemerkte er am Straßenrand eine kleine Person. Erst als er vorbeifuhr, erkannte er, dass es sich um einen Jungen im roten Anorak handelte. Sein Winken war ihm aufgefallen, und das Kind schien äußerst aufgeregt zu sein. Nein, er hatte eigentlich keine Zeit für solche Dinge. Die Uhr tickte und ihm blieben nur wenige Minuten bis zum Ziel. Doch sein schlechtes Gewissen meldete sich. Vielleicht war etwas passiert. So viel Zeit musste sein. Er blickte in den Rückspiegel, bremste und fuhr rückwärts zum Standort zurück. Links von ihm befand sich dieser kleine Weiher. Er war Mühlberg schon oft aufgefallen, wie er da so malerisch umrahmt von Bäumen in der Senke lag. Der Junge war nicht mehr an der Stelle zu finden, an der er zuvor gestanden hatte. Doch unten am Ufer des Sees leuchtete der Anorak wie ein Warnsignal. Noch im Ausrollen erkannte Jobs eine weitere Person. Sie versuchte gerade, sich aus dem zugefrorenen See zurück aufs Eis zu schieben.

Mühlberg bremste scharf. Der Wagen geriet ins Schleudern und für ihn in einen unkontrollierten Zustand. Er lenkte dagegen – doch zu spät. Der Porsche kollidierte mit dem Leitpfosten, riss ihn um. Mist, eine Beule! Sie würde teuer werden und den Verdienst mindern. Der enzianblaumetallic lackierte Porsche war zum Stehen gekommen, hing seitlich in einem Graben. Mühlberg tat sich schwer, aus dem niedrigen Cockpit zu steigen.

Er hatte die Situation richtig eingeschätzt. Die Jungs mussten beim Schlittschuhlaufen auf dem dünnen Eis eingebrochen sein. Der Klassiker. Hätte er selbst Kinder, er würde das vor jedem anbrechenden Winter zur Sprache bringen. Mühlberg spurtete durch den knöchelhohen Schnee in Richtung der Unglücksstelle. Seine teuren Sneaker gaben die Feuchtigkeit an die Socken und diese an seine Füße ab. Er trug nur ein Shirt und darüber die dünne Wildlederjacke. Er hatte nicht mit Problemen gerechnet und somit keine warme Kleidung an. Während er rannte, zog er sein

Handy heraus, entsperrte es und warf es dem jammernden Jungen am Uferrand zu. Er überlegte kurz, welche Notrufnummer die richtige war. Dann rief er ihm zu: „Wähle die 112. Melde sofort, was hier passiert ist. Gib den Standort durch!“

Der Junge hatte den vorbeirennenden Unbekannten erst überrascht angeschaut. Doch er schien verstanden zu haben. Er versuchte das Handy zu fangen, doch es landete im Schnee. Noch in den Augenwinkeln stellte Mühlberg erleichtert fest, dass der vielleicht Zehnjährige das Mobiltelefon sofort aus dem Schnee gezogen hatte und das Display davon befreite.

Was tat er da bloß? Die Aktion würde einen Rattenschwanz an Ärger und Problemen nach sich ziehen, da war er sich sicher. Aber sollte er das fremde Kind ertrinken lassen? Er blickte zum vielleicht 15 Meter entfernten Jungen, den – so wie es aussah – gerade die Kräfte verließen. Mit einer Hand gestikulierte er, während die andere sich noch irgendwie am Rand des Eises festhielt. Doch dann gab er auf und glitt gänzlich in den See. Mühlberg hatte am Ufer kurz die Eisdecke geprüft. Eigentlich sollte das Eis sein Gewicht tragen können. Aber bis zu welcher Entfernung? Mittig im See schien es dünner zu werden. Sonst wäre der leichte Kinderkörper nicht eingebrochen. Mühlberg ließ sich auf die Eisfläche gleiten als wäre sie eine Wasserrutschmatte. So, wie sie die Kinder seines Freundes oft im Garten nutzten. Er rutschte einige Meter, blieb dann liegen. Er schob sich mit den Händen weiter. Das Eis war kalt und er musste mit den Fingernägeln hineingreifen, um sich vorzuschieben. Zwischendurch prüfte er immer wieder die Stabilität der Eisfläche. Sie fühlte sich fest an. Mühlberg hoffte, den Jungen schnell zu erreichen, ihn aus dem Wasser an Land zu ziehen und an jemanden übergeben zu können. Dann nichts wie weg, bevor die Polizei eintraf. Er fror erbärmlich. War es nur die Kälte oder auch die Angst vor Konsequenzen?

Endlich hatte er die Einbruchstelle erreicht. Die Eisfläche war hier etwa einen Meter geöffnet. Um sich herum vernahm er plötzlich ein Knacken und Knistern. Es zeigten sich Risse an der Oberfläche. Na prima! Es nutzte niemandem etwas, wenn er nun auch noch im See versank. Er horchte hinter sich. Doch noch waren keine Einsatzfahrzeuge zu hören. Eine dünne Stimme rief: „Sie sind unterwegs!“ Zum Glück hatte der Junge im roten Anorak reagiert. Hoffnung stellte sich bei dem Mann ein. Aber was, wenn sie den gestohlenen Porsche entdeckten? Nein, nicht jetzt! Es würde schon alles gut gehen. Mühlberg schaute in das dunkle Loch vor sich. Er griff mit beiden Händen ins eiskalte Wasser, in der Hoffnung, den Jungen von hier greifen und zurückziehen zu können. Der Weiher konnte nicht tief sein, überlegte er. Trotzdem war der Junge untergegangen. Mühlberg nahm allen Mut zusammen und zog sich mit dem Kopf voran in das eisige Wasser. Er spürte die Kälte erst am Haarschopf, dann an den Ohren und an den Schultern. Er empfand es als eine Art Krampf, der im Kopf begann und, nachdem sein kompletter Körper im vielleicht zwei Grad kalten Wasser eingetaucht war, weiter bis zu seinen Füßen lief. Der Hamburger versuchte den Boden des Sees zu erreichen. Endlich! Er selbst besaß eine Körpergröße von 1,83 Meter. Die Tiefe des Sees lag wohl bei knapp zwei Meter. Mühlberg wartete jeden Moment auf den Herzstillstand. Doch es nutzte nichts. Ihm verblieben nur wenige Minuten im eiskalten See, bevor er selbst Schaden nahm. So tauchte er unter. Das Wasser war schwarz wie Tinte, und auch die geöffneten Augenlider erhöhten die Sicht nicht. Er streckte seine Arme aus. Fühlte mit den Händen in der dunklen Flüssigkeit. Da, da war etwas! Mühlberg schob sich näher. War da ein Fuß … oder ein Bein? Er packte fester zu. Spürte, dass seine Finger kaum noch Kraft besaßen. Wünschte sich in den warmen Porsche zurück. Er griff nach etwas, das sich wie ein Bein anfühlte. Zog fester. Es musste sich um den Jungen handeln. Er zog den Körper zu sich heran. Packte ihn. Legte das Kind unter Wasser auf beide Hände und warf es mit aller Kraft hoch in Richtung der Einbruchstelle. Nein, es hatte nicht gereicht. Der Junge glitt – wie in Zeitlupe – zurück ins Wasser. Er bewegte sich nicht. Mühlberg tauchte erneut unter, nahm alle Kräfte zusammen und drückte sich fest vom Boden ab. Den Jungen auf den Händen. Endlich! Der Körper des Kindes war halb auf dem Eis gelandet. Mühlberg schob ihn weiter, rutschte zurück. Überlegte: Wenn der Junge viel Wasser geschluckt hatte, musste er reanimiert werden. Ihm war klar, wie das ablief. Aber dafür musste er selbst erst einmal aus dem Wasser herausklettern. Noch sah es nicht danach aus. Er drückte sich mit letzter Kraft vom

Boden ab. Vernahm Sirenengeräusche. Ihm wurde plötzlich warm ums Herz. Mühlberg glaubte, jemand hätte sich erbarmt und das heiße Wasser aufgedreht. Es strömte in den See und heizte ihn auf. Ein Schrei weckte den Mann aus seinem eiskalten Traum. Der Junge auf dem Eis war aufgewacht. Mühlberg erreichte erneut die Wasseroberfläche, konnte sehen, wie das Kind sich weinend und mit offenen Augen ungläubig umschaute. Vorne am Ufer waren Einsatzkräfte dabei, einen knallroten Schlitten auf das Eis zu bringen. Wieder versank der Retter im Wasser. Gerade schob sich ein Uniformierter in Richtung der Einbruchstelle. Mühlberg schluckte von der kalten Brühe, hustete es unter Wasser aus. Er spürte, wie sein Herzschlag langsamer wurde, fühlte Entspannung. Die Kälte war völlig aus seinem Körper gewichen. Ihm fiel ein, heute war Weihnachten. Mühlberg fragte sich plötzlich, warum er allein auf der Welt war, keine Frau, keine Kinder, keine Menschenseele besaß? Wer würde um ihn trauern, wenn er …? Er roch Spekulatius, gebratene Ente, hob seinen Arm aus dem eisigen Wasser, um danach zu greifen. Plötzlich fühlte er eine feste Hand. Dann eine zweite. Er griff danach. Die Hände zogen und er erkannte Licht am Ende eines Tunnels. Dieses erlosch ähnlich einer Kerze, die man ausblies, und es umgab ihn eine traurige Finsternis.

„Ohne Sie wäre der Junge ertrunken. Das ist Fakt!“, erklärte der Feuerwehrmann, der Mühlberg mit heißem Tee versorgte. Er war im Führerhaus eines Feuerwehrautos aus der Bewusstlosigkeit erwacht, trug eine Wolldecke um seine Schultern und wunderte sich über die Umgebung.

„Er ist aus unserem Ort. Ulf heißt er. Ich kenne seine Eltern gut.“

Der Mann wischte sich eine Träne aus dem Gesicht.

„Tut mir leid, auf der Autobahn ist eine Riesenkarambolage. Alle Einsatzkräfte wurden dorthin gesandt. Auch die Krankenwagen. Wir haben alles gegeben!“ Der ältere Mann mit grauem Kurzhaarschnitt grinste ihn väterlich an.

„Es war knapp!“

Der Mann nickte und wandte den Kopf. Er blickte aus dem Seitenfenster hinunter zum See.

„Ich muss sofort …“, flüsterte Mühlberg zwischen zwei Schluck des Heißgetränkes.

„Der Porsche …?“, nickte der Mann und kratzte sich am Kinn.

„Genau!“

„Ihrer?“

„Nein, einem … Freund!“

„Auch gut. Wir haben gerade im Polizeifunk vom Diebstahl eines blaumetallic …!“

Mühlberg unterbrach den Mann: „Enzianblaumetallic …!“

Der Mann nickte. „Auch gut! Also vom Diebstahl eines Porsche in Enzianblaumetallic gehört.“

Der Feuerwehrmann schaute Mühlberg tief in die Augen. „Mein Kollege hat den Sportwagen im Straßengraben noch nicht bemerkt. Nur ich. Wenn Sie sich beeilen …!“

Mühlbergs Herz beschleunigte. Er ließ sich das nicht zweimal sagen. Warf die Wolldecke von sich. Bewegte seine Gliedmaßen. Alles war so weit in Ordnung. Dann sprang er aus dem Wagen. Ein letzter Blick zum zitternden und in Decken gepackten Jungen, den die zweite Einsatzkraft gerade hoch zur Straße brachte. Sein Kumpel im roten Anorak trottete mit geneigtem Kopf hinterher. Der Junge schaute seinen Retter dankbar an.

„Frohe Weihnachten, Jungs, und entschuldigt mich. Ich habe noch etwas zu erledigen!“

# Hand in Hand in den Tod

„Wir fliegen am Mittwoch vor Weihnachten um 19.00 Uhr von *Helmut Schmidt* aus nach Jakarta, Schatz!"

Wolfgang Spiess riss an der Maus, um den digitalen Zeiger auf dem Monitor vor sich zu einer Tätigkeit zu bewegen. Die grauweiße Computermaus lag auf einem Pad, das den *Airbus A380* zeigte. Endlich gehorchte der kleine Pfeil und nahm Fahrt auf. Spiess öffnete seufzend ein Untermenü der Webseite, auf der er seit geraumer Zeit nach Flügen für seine Frau und sich gesucht hatte. Er drehte den Kopf und schaute zum wiederholten Mal in das bleiche Gesicht von Denise. Seine schwer kranke Ehefrau lag direkt neben ihm und blickte still durch das Fenster nach draußen. Insgeheim hoffte er zumindest auf ein kleines Lächeln für seine aufwendige Recherche. Doch dem Mund seiner Gattin entwichen nur diese kleinen schwachen Seufzer, die sie seit der letzten Chemo im Sekundentakt ausstieß. Die 64-jährige ehemalige Stewardess und der vier Jahre ältere Flugkapitän der Lufthansa im Ruhestand waren inzwischen mehr als 30 Jahre verheiratet. Ihre interessanten Berufe hatten sie durch die ganze Welt getragen. Doch nun waren beide an einem Punkt angekommen, an dem es schwer nach dem Ende ihrer beiden Leben aussah.

„Und von dort …?" Das letzte Wort Denises war kaum zu verstehen, doch Wolfgang Spiess war klar, was sie meinte.

„Mit *Garuda Airline* werden wir am nächsten Tag um 17.30 Uhr nach Surabaya aufbrechen. Eines der gefährlichsten Flugziele auf der Insel Java. Also, wenn die Pilotenkollegen es nicht schaffen, den Flieger unterwegs abschmieren zu lassen, geht es noch am Abend mit …", Spiess schaute wieder auf den Monitor vor sich, „… *Citilink* und Flug 1654 in die indonesische Provinz nach *Nusa Tenggara Timur*. Überleben wir auch das, geht es für zwei Nächte nach *Pangandaran*, um dich aufzupäppeln …"

„… aufzupäppeln? Du machst Witze!" Die schmale Frau auf der Ottomane griff sich mit feingliedrigen Fingern in das nach der Chemo nachwachsende Haar und bemühte sich um ein Lächeln.

„Nun! Nach dem Umsteigen in Frankfurt, Singapur und Jakarta wirst du am Ende deiner Kräfte sein. Ich werde in *Pangandaran* ein mobiles Krankenteam besorgen. Sie werden dir Infusionen legen und später geht es mit einer Einmotorigen der *Susi Air* weiter nach *Cilacap*. Sicher kommen wir dort nicht an. Cross-Winde, Wirbelstürme, Monsun und Tropengewitter. Aber wenn doch, hätte ich noch die *Nevercomeback-Airline* im Angebot!“

„*Susi Air, Nevercomeback*“, flüsterte Denise, „das, das klingt ja … nach einem Höllen … trip?“

„Ist es auch. Nur enden wir nicht in der Hölle, sondern garantiert in einem Fegefeuer. Wenn nicht noch komfortabler!“ Spiess lachte und dem folgte ein Husten, der nicht aufhören wollte. Endlich griff der Rentner nach einem Taschentuch und spuckte Blut hinein. Der Hustenanfall hatte nachgelassen.

„Blut?“, fragte Denise. Ihr Blick wirkte ängstlich.

„Nein, nein. Alles in Ordnung!“, log ihr Mann und warf das Papiertaschentuch zerknüllt in den Papierkorb. Er schaute der Flugbahn hinterher und überlegte, ob ihre Idee, gemeinsam bei einem Flugzeugabsturz ums Leben zu kommen, auch erfolgreich sein würde. Nach seiner Lungenkrebsdiagnose im vergangenen Jahr sah es erst schlecht um ihn aus. Doch die Chemo hatte angeschlagen, und gerade als er sich auf dem Weg der Besserung befand, wurde Denise kraftlos in die *Uniklinik Eppendorf* eingeliefert. Diagnose nach zahlreichen Untersuchungen: Bauchspeicheldrüsenkrebs.

Die Ärzte machten dem Paar Mut. Sprachen davon, Denise in dem frühen Stadium, in dem sie sich befand, mit einer Operation heilen zu können. Aber nur, wenn der Tumor vollständig und mit einem ausreichend großen Rand entfernt werden konnte. Doch der Tumor lag äußerst ungünstig. Und obwohl man der gebürtigen Hamburgerin auch angrenzende Organe wie die Gallenwege, den Zwölffingerdarm und die Milz operativ entfernt hatte, waren ihre Heilungschancen durch die Operation nicht gestiegen.

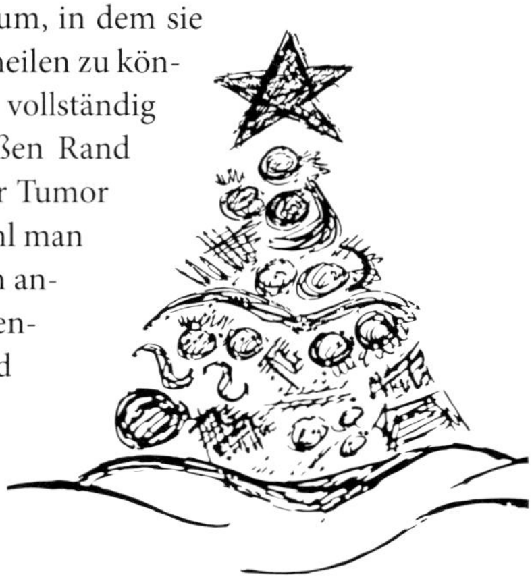

Die nachfolgende sechsmonatige Chemotherapie laugte die Frau komplett aus und dem Ehepaar wurde schnell klar, dass sich das Leben Denises über und unter den Wolken einem baldigen Ende näherte. Der behandelnde Professor berichtete zwar noch von einem Wundermittel gegen Pankreaskrebs aus den Staaten und dass er versuchen wolle, das Medikament über gute Kontakte zu beschaffen. Es befände sich noch in der klinischen Phase. Doch wenige Tage später schüttelte der Onkologe bei einem Besuch im UKE resigniert den Kopf. Die Amerikaner würden es nicht rausrücken. Man erklärte, noch weitere Tierversuche und danach monatelange Versuche durchführen zu müssen, bevor es an Menschen eingesetzt werden könnte.

Als plötzlich von palliativer Behandlung bei fortgeschrittenem Bauchspeicheldrüsenkrebs gesprochen wurde, entschloss sich das kranke und angeschlagene Ehepaar, gemeinsam dem Tod ein vorzeitiges Schnäppchen zu schlagen. Wolfgang Spiess besorgte über seine Kanäle zwei Tabletten aus der Schweiz, um zusammen schmerzfrei aus dem Leben zu scheiden. Das verwarfen sie jedoch schnell. Später entschieden sie sich, die letzten Minuten ihres Lebens in der Luft verbringen zu wollen. Dort, wo sie die Liebe zusammengeführt hatte, sollte es auch enden. Wolfgang Spiess suchte nach den unfallträchtigsten Airlines auf diesem Planeten. In der Hoffnung, in deren Flieger Hand in Hand abzustürzen und nebeneinander zu Tode zu kommen.

„Was ist, wenn alle Maschinen … mal ausnahmsweise sicher … landen?"

Spiess schaute aus dem Fenster in den Garten des Altonaer Mehrfamilienhauses. Auf dem kleinen Spielplatz am Ende der Rasenfläche rannten Kinder. Eine Frau saß auf der Bank, bewegte einen Kinderwagen hin und her. Sie selbst hatten all ihr Einkommen immer wieder in Reisen investiert. So war es nie zu Wohneigentum und bleibendem Wohlstand gekommen. Warum auch? Es gab keine Nachkommen. Zu Beginn ihrer Ehe war Denise plötzlich schwanger geworden, erinnerte sich der ehemalige Pilot. Doch ein Kind in diesen Tagen würde alle ihre Lebenspläne durchkreuzen, sodass Wolfgang seiner Frau zur Abtreibung riet. Und Denise zog es durch. Danach wollte es mit einem späten Kinderwunsch nicht mehr klappen. Der Körper von Denise hatte ihnen die eine Chance gegeben und sie hatten sie nicht genutzt.

„Dann haben wir noch immer unsere beiden Tabletten dabei!" Spiess nahm die Hand von der Maus und streichelte seiner Ehefrau zärtlich über den Kopf.

„Wir legen uns in einem Fünfsternehotel in die Badewanne, schlürfen *Dom Pérignon*, etwas *Almas-Kaviar* dazu und schlafen ein.“

„Keinen russischen Kaviar, Schatz. Denk an den Angriff auf die Ukraine!“

„Gut, dann Seehasenroggen!“

Denise reagierte nicht auf den Scherz ihres Mannes. „Ich weiß nicht, mein Schatz, ob es nicht besser wäre, ich ginge alleine. Und du …!“

„Haben wir das nicht schon oft genug durchgekaut? Ich möchte nicht keuchend mit einem halben Lungenflügel als alter Mann allein in der Geriatrie enden.“ Spiess legte sein Gesicht in Falten, um seine Frau zu erheitern. Sie reagierte erneut nicht darauf.

„Nein, Wolfgang! Überleg es dir bitte noch einmal. Diese Frau muss nicht durch die halbe Welt reisen, um dort zu sterben!“, machte Denise die T-Shirt-Werbung im Fernsehen nach. Spiess wunderte sich über die plötzliche frohgemute Veränderung Denises.

„Ich bin tatsächlich zu schwach“, erklärte sie weiter. „Dann möchte ich lieber hier in Hamburg sterben, als inständig zu hoffen, dass man meine sterblichen Überreste in einem Flugzeugwrack in der Dritten Welt identifiziert.“

Wochen später!

Nach neunzehn Stunden Flug und mehrmaligem Umsteigen hatte das Paar *Jakarta* erreicht. Denise war schon bei Ankunft auf dem *Soekarno-Hatta International Airport* reif für eine medizinische Behandlung, doch sie bestand darauf, weiterzufliegen. Als auch der nächste Flug aufgrund starker Turbulenzen quer auf der Startbahn des Flugplatzes *Juanda* aufsetzte und die Hoffnung des Paares abzustürzen geschwunden war, zog es Wolfgang vor, schon in *Surabaya* den medizinischen Notfall zu erklären. Während seine Frau durch die aufopfernde Pflege von indonesischem Personal im *Hotel Four Points* in *Pakuwon Indah* wieder etwas zu Kräften kam, versuchte Wolfgang Spiess sich mit der Erkundung der Hafenstadt *Surabaya* abzulenken.

Immer wieder kam er zu der Erkenntnis, dass seine Idee, zusammen mit seiner schwer kranken Frau den Tod beim Flugzeugabsturz zu finden, egoistisch und dumm war. Die *Nembutal*-Tabletten wären die einfachere und weniger qualvolle Wahl gewesen. Unglücklich und zusammengesunken saß er am Abend in der Hotelbar. In zwei Tagen war Weihnachten, und wenn ihm auch gerade niemand einfiel, mit dem sie das Fest hätten

feiern können, war es zu Hause doch schöner. Er überlegte gerade das weitere Vorgehen, als sein Handy klingelte. Spiess stutzte! Nur wenigen Personen war seine Telefonnummer bekannt. Denn kurz vor dem Abflug hatte er ein Prepaid-Handy gekauft und die alte Nummer abgemeldet. Es konnte eigentlich nur der Professor aus dem UKE sein. Ansonsten hatte er keine Idee.

„Moin, Herr Spiess, wo sind Sie? Ich bin extra nach Altona gefahren, um Sie persönlich darüber zu informieren, dass die Amis das Medikament für Ihre Frau freigeben. Doch ich habe niemanden zu Hause angetroffen!“

Der ehemalige Flugkapitän war wie erschlagen und konnte nicht antworten.

„Hören Sie, Herr Spiess, wir sollten uns am Heiligen Abend, spätestens am 1. Weihnachtsfeiertag in der Klinik treffen. Sonst wird es eng und das Medikament könnte nicht mehr anschlagen.“

„Ja … ja! Wir werden … da sein!“, stotterte Spiess ins Handy und beendete das Gespräch.

Vielleicht hatte es der liebe Gott gut gemeint, dass er alle Flugzeuge bisher von einem Absturz verschont hatte. Sicher wollte der Allmächtige Denise retten, und er selbst hatte nur eines im Sinn, den Fliegertod zu sterben. Der 68-Jährige schämte sich etwas. Er bestellte noch einen Whiskey und noch einen und noch einen …!

Durch den langen Flug, das Gehetze durch endlose Flughafenflure, und das trotz Rollstuhl, wirkte Denises Gesichtsfarbe noch blasser als sonst. Doch sie jammerte nicht, ließ tapfer alles über sich ergehen. Das Paar hatte neuen Mut gefasst. Gab dem Leben wieder eine Chance. Für einen hohen Dollar-Betrag konnte Spiess eine kleine Maschine chartern, die sie direkt zurück nach *Jakarta* brachte. Den gesamten Flug über betete er, dass der Antrieb nicht plötzlich ausfiel und die Einmotorige über dem Meer zum Absturz brachte. Doch der Propeller drehte sich kontinuierlich bis zur Landung. Noch zwei Sitze in der First Class der Lufthansa-

Maschine nach Hamburg am Heiligen Abend waren frei und nicht gerade günstig. Aber was zählte all das Geld? Die Hoffnung auf Denises Gesundung war wichtiger, und die gab Spiess nicht auf.

In Hamburg hatte es in der Nacht zum 25. Dezember zu schneien begonnen. Wolfgang und Denise Spiess befanden sich vor dem Ausgang des *Hamburg Airports* und waren entzückt vom Anblick des Schnees auf den Gehwegen und der vielen bunten LEDs, die den Flughafen innen und außen weihnachtlich schmückten. Schon beim Landeanflug auf die Hansestadt war ihnen das Weiß auf den Wiesen und Dächern aufgefallen.

„Es ist gut, wieder zu Hause zu sein, Schatz!", flüsterte Denise. Ehemann Wolfgang bückte sich hinunter zu ihrem Rollstuhl und gab ihr einen Königskuss. Er winkte nach einer Taxe.

„Du hast recht! Lass uns eine Taxe nehmen und sofort zum UKE fahren." Spiess hatte alles mit dem Professor abgeklärt. Sie wurden schon in der Onkologie erwartet. Der Mediziner hatte sich erschrocken gezeigt und war außer sich, dass Spiess seine Frau in ihrem Zustand nach *Jakarta* gebracht hatte. Doch der Rentner hatte nichts über den genauen Grund erzählt und einfach aufgelegt.

Ein *VW ID4* in der Farbe *Hellelfenbein* näherte sich dem wartenden Paar. Ein junger Mann sprang aus der Taxe und riss überschwänglich und geschäftstüchtig die hintere Tür auf. „Steigen Sie schon mal ein, bevor sie hier draußen Frostbeulen bekommen. Den Rolli bringe ich hinten unter!"

Wenig später saß das Ehepaar Spiess im warmen Fond des Elektrofahrzeugs und der Wagen verließ fast geräuschlos das Flughafengelände. Der Fahrer war von der neugierigen Sorte und wollte unbedingt erfahren, wo sie herkommen. Spiess war nicht nach Konversation. Gerade wollte er etwas Ablehnendes entgegnen, als Denise ihn anstieß. Sie flüsterte Worte, die wie ‚Weihnachten' und ‚lass nur' klangen und Spiess antwortete mit leiser Stimme: „Wir waren in *Jakarta*, also *Indonesien*. Auf zweiter Hochzeitsreise!"

„Oh toll. *Jakarta*! Eine Traumdestination. Hören Sie, wir müssen leider einen kleinen Umweg über die *Langenhorner* machen. Hier!" Der Taxifahrer wies auf das riesige Display im Armaturenbrett, das eine bunte Straßenkarte zeigte.

„Alles rot, also Stau!"

Wieder wollte Spiess etwas entgegnen, doch er erinnerte sich an seine Frau und nickte. „Wichtig ist, dass wir rasch in die Klinik kommen. Also bitte keine unnötigen Umwege."

„Mist!", rief der Fahrer, „Jetzt gibt es auch noch einen Stau Ecke *Flughafenstraße* und *Langenhorner Chaussee*. Können die Idioten nicht über Weihnachten mal ausnahmsweise zu Hause bleiben?" Unvermittelt riss er das Lenkrad herum, wendete und bog zügig in eine Seitenstraße ein. Die Fliehkräfte pressten das Paar in die Sitze.

Der Mann beschleunigte den Wagen und drehte sich zu seinen Fahrgästen um. „Keine Angst, wir schaffen das!" Wolfgang hatte die Hand seiner Frau ergriffen und presste sie. Er registrierte parkende Fahrzeuge mit Dächern, weiß wie Zuckerwatte, doch trotz der Idylle überkam ihn ein ungutes Gefühl. Vor Jahren, als er noch als aktiver Pilot große Linienmaschinen quer durch die Welt flog, überkam ihn dieses Gefühl hin und wieder. Und immer dann, wenn es besonders eng geworden war.

Kleine Häuser huschten seitlich vorbei. Für Spiess' Begriffe etwas zu schnell, doch er wollte nicht der Spielverderber sein und schwieg. Auch er mochte es nicht, während des Fluges vom Co-Piloten belehrt zu werden.

Der Fahrer gab inzwischen auf dem Touchscreen eine neue Route ein und war abgelenkt. Er übersah den mit Gasflaschen beladenen Lieferwagen, der rechts aus der Straße herausfuhr. Sein Fahrer hatte auf dem Weg zum Flughafen einen Teil der Propanflaschen bei einem Schrebergarten abgeladen und dann – auch um dem Stau zu entgehen – einen Schleichweg genommen. Es war für ihn eigentlich nur unter Auflagen erlaubt, durch reine Wohnviertel zu fahren. Doch es war Weihnachten und die Polizei saß bestimmt gerade bei Kaffee und Kuchen auf der Wache. Glaubte er und ignorierte – um möglichst schnell die Zufahrt zum Airport zu erreichen – die 30er-Zone. Er schoss mit dem Lieferwagen überschnell aus der Straße *Rugewisch*. Sicher hatte er Vorfahrt gegenüber der Taxe. Der 29-jährige Fahrer konnte nicht mehr reagieren. Er bemerkte das herannahende Elektrofahrzeug zu spät.

Denise war erschöpft und hatte den Kopf auf die Schulter ihres Mannes gelegt. Wolfgang Spiess hatte den Unfall kommen sehen. Beruhigende Dinge wie Airbags und Sicherheitsgurte gingen ihm noch durch den Kopf, bevor der Aufprall erfolgte.

Der *VW ID4* fuhr ungebremst in die Seite des Lieferfahrzeugs. Die Explosion von Gasflaschen erfolgte in Sekundenschnelle. Eine Feuerwalze rollte über das Elektrofahrzeug.

Weder der Fahrer des Lieferwagens noch die drei Personen im Taxi überlebten die Explosion. Auch ein unbewohntes Einfamilienhaus wurde stark beschädigt.

Hamburg, 28. Dezember 2023

*Sie starben Hand in Hand!*

Der Flugkapitän und die Stewardess

**Wolfgang Spiess**

*11. Juli 1955 †25. Dezember 2023

**und**

**Denise Spiess** geb. Führwörter

*7. April 1959 †25. Dezember 2023

Sie wollten einander für immer nah sein!

# Gelege im (Niendorfer) Gehege

Der Mann sah recht attraktiv aus. Wäre da nicht dieser seltsame Schnee-Tarnanzug gewesen, der Uschi Untermeyer, von Freundinnen nur Usch genannt, sofort abgeturnt hatte. Die 67-jährige Witwe war vor wenigen Minuten zum winterlichen Spaziergang mit Dackel Ferdie aufgebrochen. Seit Minuten bemühte sie sich, den tief liegenden Vierbeiner in der alten Spur des Schneeräumfahrzeuges laufen zu lassen. Ansonsten wäre das Tier trotz rosafarbenem Fleece-Jäckchen völlig im Schnee versunken. Vor wenigen Tagen hatte der Winter Hamburg heimgesucht. Wie eine Insel. In Schleswig-Holstein war es, was die Temperatur anging, so die Wetterfrösche, ebenfalls um den Gefrierpunkt, aber trocken. Auch im benachbarten Niedersachsen konnte man keinen Schnee entdecken. Nur hier in der Hansestadt. Uschi nahm es gelassen. In ihrem Leben hatte sie schon viel Gutes und zahlreiches Schlechte gesehen. Schnee war keine große Sache. Der kam und ging. Wie Stuhlgang und Nachbarn.

In ihren gefütterten Boots stampfte sie durch den hohen Schnee, konnte aber ihren Blick nicht vom Flecktarnmann wenden. Trotz einer dicken Jacke war sein Knackarsch, wie dieses männliche Körperteil beim ‚Klub der lustigen Niendorfer-Witwen' bezeichnet wurde, gut zu erkennen. Der graue Bart und das faltige Gesicht des Unbekannten ließ sie sein Alter auf jenseits der sechzig schätzen. Genau ihr Beuteschema, grinste Uschi hinter einem bunten Schal, der unterhalb ihrer Augenpartie das Restgesicht vor Kälte schützte. Das wäre doch mal ein Weihnachtsgeschenk, das Freude bereitete! Es erinnerte sie an den Nackt-Putzer, den ihre Freundinnen an ihrem 65. Geburtstag organisiert und zu ihr nach Hause gesandt hatten. Sie warf einen schnellen Blick hinunter zu Ferdie, der heftig schnaufend mit dem kalten Schnee zu kämpfen hatte. Vielleicht wäre es besser gewesen, am heutigen Heiligen Abend mal ausnahmsweise zu Hause zu bleiben. Doch der Hund musste mindestens einmal am Tag vor die Tür und der heutige war ansonsten gespickt mit Vorbereitungen für das gemeinsame Abendessen mit ihren verwitweten Freundinnen.

Wenige Männer waren seit dem Tod ihres Gatten in ihr Leben getreten, überlegte sie. Eigentlich nur einer: Der Schornsteinfeger, ebenfalls ein Witwer. Er hatte ihr vor Jahren mal vor dem Kamin im Wohnzimmer eine Liebeserklärung gemacht. Bis auf einen unspektakulären flüchtigen Kuss war nichts passiert. Aber der Kaminfeger hatte Mundgeruch und dazu kam dieser dauerhafte Ruß-Gestank. So war für Usch eine Zukunft mit Bernd, dem schwarz gekleideten Mann, nicht vorstellbar. Noch heute, wenn er bei ihr den Kamin fegte, schaute er sie inbrünstig an. Doch sie zeigte ihm weiterhin die kalte Schulter.

Der Flecktarnmann war dabei, rechts in einen kleinen Weg abzubiegen. Erst jetzt fiel Usch der lange Köcher auf, den er seitlich versteckt am Körper trug. Natürlich war das Behältnis auch im gleichen Tarndruck gehalten. Vor wem musste sich so ein gut aussehender Mann verstecken?, fragte sich die schlanke Frau. Und was befand sich in dem Köcher? Pfeile wohl kaum. Eigentlich war Usch nicht neugierig. Das hatte sie sich schon vor Jahren abgewöhnt. Neugierde machte einen nur wahnsinnig. Vor allem, wenn man eine kinderlose Witwe war. Also hinterfragte sie nichts und kümmerte sich wenig.

Der Typ verschwand gerade mit einem Ausfallschritt im Unterholz und ward plötzlich dank seiner seltsamen Bekleidung von Usch nicht mehr gesehen. Überhaupt war für ihr Empfinden heute wenig Betrieb im *Niendorfer Gehege*. Sicher bereiteten die Spaziergänger und Hundebesitzer gerade das weihnachtliche Festmahl für die Angehörigen vor. Uschs eigentliche Familie bestand ausschließlich aus dem ‚Klub der lustigen Witwen‘. So hatten sie sich kurz nach dem ersten Treffen genannt. Vier Witwen, die sich vor Jahren auf eine Suchanzeige im Wochenblatt hin noch immer wöchentlich trafen. Ihr Ziel war, die Eierlikörvorräte Hamburgs zu vernichten. Eigentlich waren sie mal zu siebt, hatten sogar überlegt, verwitwete Männer in die Gruppe mit aufzunehmen. Doch damals hatte Usch gegen alles etwas, was männlich war und nur zwei Beine besaß. Auf ihre Intervention hin blieb man unter sich. Witwe und Freundin

Ingelore hatte später, trotz ihrer starken Altersakne, wieder einen Mann gefunden. Was Usch nicht verstehen konnte. Sie selbst war doch eigentlich makellos und hatte noch eine attraktive Figur. Trotzdem …! Ingelore wurde auf Uschs Engagement hin sofort und ohne Erbarmen aus dem Kreis der Witwen ausgeschlossen. Marie-Ann, eine weitere aus der Runde, hatte ihren Wohnsitz inzwischen ins *ELIM-Seniorenzentrum* beim *Bondenwald* verlegt. Grund war ihre fortgeschrittene Demenz. Aber die Krankheit hatte sich angekündigt. Schon Monate zuvor lehnte es Marie-Ann ab, die Runde in ihre kleine Zweizimmerwohnung einzuladen. Aber zu den anderen Treffen kam sie stets und fleißig. Ja, und langte gut zu, wenn es was zu essen gab. Melanie, auch dem Kreis der lustigen Witwen zugehörig, war inzwischen verstorben. Tragischerweise hatte wohl ein kleiner Hühnerknochen für ihr Ableben gesorgt. Nachbarn, die sich Gedanken um sie machten, fanden die 74-Jährige Tage später tot im Esszimmer. Ihr Kopf lag auf der Tischplatte. Neben einem Teller mit Resten eines halben Hähnchens. Jemand mit Kontakt zu einem Hamburger Rechtsmediziner wollte gehört haben, dass der Grund ihres Todes dieser kleine Hühnerknochen gewesen sein soll. Ja, und seither vermied Usch, Huhn zu verzehren. Putenfleisch schon eher, aber wenn Huhn, dann nur noch in Gesellschaft. Der einsame Tod der Freundin hatte ihr zu denken gegeben.

Auch der im schneebedeckten Dickicht verschwundene Mann ließ ihre Gedanken nicht los. Sie hätte ihn doch fragen können, was seine Absicht an diesem Morgen im Niendorfer Gehege war. Einen Weihnachtsbraten schießen? Nein, hier durfte man sicher nicht jagen. Aber wenn doch, vielleicht handelte es sich um den Revierförster, der dafür zu sorgen hatte, dass sich der explodierende Hasenbestand um den See reduzierte. Obwohl, sie selbst spazierte hier schon Jahrzehnte durchs Gehege. Sicher wäre ihr in dieser Zeit ein Revierförster aufgefallen. Aber warum war der Typ dann so aufgetakelt? Sicher unterschieden die blinden Karnickel nicht, ob jemand im stylishen Mörderdress auf sie schoss. Doch wer weiß. Mit Schusswaffen kannte sich Usch nicht aus. Ihr 2012 verstorbener Ehemann Heribert hatte damit nichts am Hut. Er war Pazifist und schimpfte über alle Kriege und Streitigkeiten. Heri war der Typ Mann, der, schlug man ihm auf die rechte Wange, auch noch die linke anbot. Das hatte sie immer gestört. Ihr fiel gerade ein, dass sie im *Tibarg Center* noch ein kleines Weihnachtsgeschenk für eine der Witwen kaufen wollte. Morgen und übermorgen waren die Geschäfte geschlossen. Und Margret, die alle Maggie riefen, feierte am 2. Weihnachtsfeiertag ihren 70. Geburtstag. Das war doch ein kleines Geschenk wert. Usch stand schon eine Weile auf der Stelle und stellte erschrocken fest, dass Ferdie schon beinahe am Boden festgefroren war. Doch zum Glück entwich seiner kleinen Schnauze eine dünne weiße Atemfahne. Es wurde Zeit, zurückzulaufen. Vielleicht sollte sie den zehn Jahre alten Dackel auf den Arm nehmen und heimtragen. Ihr Mann hatte zu Lebzeiten nie zugestimmt, einen Hund im Haushalt aufzunehmen. Obwohl sie das Thema immer mal wieder angesprochen hatte. Ebenso den Tangokurs, den sie gerne mit ihm absolviert hätte. Doch Heribert hatte nur Fußball im Kopf. Der HSV vorne und der HSV hinten. Er verbrachte mehr Zeit im *Volksparkstadion* als mit ihr zusammen. Hinzu kamen die Auswärtsspiele, die er dauernd besuchte oder zumindest im Fernsehen anschaute. Aber nicht zu Hause, nein! In der Kneipe mit Sinnesgenossen. Eigentlich hätte sein Kopf kugelrund sein müssen. Rund wie das dämliche Leder eines Fußballs. Erst nachdem Heribert während der Schicht im Hafen durch einen herabfallenden 20-Fuß-Container zu Tode kam, schaffte sie sich Ferdie an, den kleinen Dackelwelpen. Und meldete sich bei einem Tangokurs für Frauen an. Fast hätte die Rentenanstalt ihre Witwenrente nicht genehmigt. Grund war, dass Heri, blöde wie er war, unter dem todbringenden Container in einem abgesperrten Bereich saß und sein Pausenbrot verzehrte. Dazu las er die Tageszeitung. Aber irgendwie hatten es seine Vorgesetzten hingebogen. Zum Glück, sonst würde sie jetzt noch immer in dem kleinen Kiosk beim U-Bahnhof Kaffee ausschenken und Brötchen schmieren.

Usch hob Ferdie auf den Arm, und er ließ es widerstandslos geschehen. Plötzlich vernahm sie aus dem Gebüsch Geräusche und ein kalter Schauer lief ihr über den Rücken. Ob der Unbekannte gar Schlimmes im Schilde führte? Vielleicht spazierte ja der in Niendorf wohnende Hamburger Oberbürgermeister heute Nachmittag mit einer Besuchergruppe durchs allseits bekannte Gehege und der Mann war Terrorist und wollte ihm an den Kragen? Fantasie war auch eigentlich nicht ihr Ding und sie wunderte sich gerade über sich selbst. Normalerweise vermied sie es, im Fernsehen

Krimis anzuschauen. Sonst schlief sie nachts nicht ein; verriegelte jedes Mal alle Türen im kleinen Reihenhaus. Aber sie hatte doch auch Bürgerpflichten! Wenn tatsächlich jemand zu Schaden kam? Und sie hätte es nicht gemeldet? Sie würde sich jahrelang ärgern und sich Vorwürfe machen. Mal davon abgesehen, was die anderen Witwen sagen würden! Besser einmal zu viel angezeigt als einmal zu wenig, war auch die Aussage ihres unmittelbaren Nachbarn Fred Becker und seiner Frau Liesel. Man grüßte sich, mochte sich aber nicht besonders. Fred mähte von April bis Oktober gefühlt täglich den Rasen und Liesels lauter Mixer störte zu den ungünstigsten Zeiten Uschs Mittagsschlaf. Die Beckers waren aus Düsseldorf zugezogen. Vor fünf Jahren. Wären sie doch bloß in Düsseldorf geblieben! Zum Glück musste Heri sie nicht mehr kennenlernen. Er hätte ihnen den Marsch geblasen. Obwohl …! Bei jedem Bellen Ferdies stand der dicke Rentner auf der Matte und beschwerte sich. Stierte ihr auf den Busen. Dabei waren die Stimmbänder des Dackels so dünn wie die Wolle, mit der sie gerade Strümpfe für eine Freundin häkelte. Irgendwann würde der Nachbar noch klingeln und sich über klappernde Nadeln beschweren, grinste sie. Dabei waren die Wände der alten Reihenhäuser ausreichend dick. Aber wenn sich jemand ärgern wollte, fand er immer etwas, wusste Usch. Sie zog mit der freien Hand ihr Handy aus der Manteltasche und wählte den Polizeinotruf.

Die Polizeibeamtin in der Zentrale hatte den Anruf sofort ernst genommen. Sie versprach, einen Streifenwagen zu schicken und bat Usch, trotz der Temperatur, vor Ort zu warten. Bis die Kollegen eintreffen würden. Usch haderte mit sich. Sicher war es aufwendig, das ganze Gehege nach dem Übeltäter zu durchforsten, und hilfreich, wenn sie den Beamten den Weg wies. Ob es gar eine Belohnung gab? Geld konnte man immer brauchen. Ihr VW-Polo war schon in die Jahre gekommen. Ein Spaziergänger war gerade vorbeigelaufen. Sie kannte ihn nicht, hatte den Mann aber angesprochen und gebeten, mit ihr auf die Exekutive zu warten. Uschs Angst vor einem Übergriff war inzwischen recht groß geworden. Doch der Unbekannte zuckte mit den Schultern, erklärte, in wenigen Minuten den Weihnachtsmann spielen zu müssen, und verschwand. Ja, Zivilcourage gab es kaum noch. Wenn jeder an sich dachte, war an alle gedacht. Sie packte Ferdie unter ihren dicken Steppmantel und lehnte sich an einen Baum, bis nach gefühlt einer halben Stunde endlich ein Streifenwagen den Weg hinunter auf sie zurollte. Sie bewegte ihre kalt gewordenen Arme im Kreis und erklärte der jungen Beamtin, die wenig später ausstieg, erneut ihren

Verdacht. Die Uniformierte schien noch grün hinter den Ohren, vermutete Usch. Sie kaute Kaugummi und wirkte extrem gelangweilt. Auch ihr Kollege war inzwischen ausgestiegen. Der Bärtige besaß bessere Manieren. Er hatte sich höflich vorgestellt und die Witwe eingeladen, doch im Fahrzeug Platz zu nehmen. Es sei zu kalt für sie und den Hund. Usch nahm dankbar an. Das Innere des Streifenwagens roch nach Deodorant und auch nach Hund. Ferdie musste es auch gerochen haben, denn er wurde ganz unruhig. Zumindest war das Tier wieder aufgetaut. Der Beamte musste eine Standheizung eingeschaltet haben, denn es war angenehm warm im Fahrzeug. Durch einen Lautsprecher war Usch in der Lage, die draußen geführte Unterhaltung der beiden Polizisten mitzuhören. Sie vermutete, man hatte vergessen, ein Körpermikrofon abzuschalten.

„Meinst du, die alte Dame spinnt und hat einen Geist gesehen?", hörte Usch den männlichen Polizisten sagen und war entsetzt. Was bildete sich die Jugend ein? Glaubten die, dass alle über sechzig dement oder bescheuert waren?

„Nein!", grinste die weibliche Beamtin, „ich werde mich mal ins Gebüsch schlagen. Schauen wir mal, was wir finden."

Die junge Beamtin mochte Usch plötzlich doch lieber. Sie hörte und sah, wie sich der bärtige Polizist in der Nase bohrte und in Wartestellung ging.

Die Uniformierte war ins Dickicht gelaufen und kam tatsächlich Minuten später mit dem Flecktarn-Gauner am Arm zurück. Das hätte sie der jungen Beamtin nicht zugetraut. Aber wo war die Waffe, die sie zum Selbstschutz auf den vermeintlich gefährlichen Mann gerichtet haben sollte? Ihr Kollege war auf die beiden zugerannt. Wohl, um zu unterstützen. Usch hörte, wie sie den Mann aufforderten, den Köcher zu öffnen, und Worte wie Teleobjektiv und Foto drangen an ihr Ohr. Sie sah, wie der Fremde mit dem Knackarsch ein riesiges Objektiv hervorholte und es demonstrativ vor seinen Körper hielt. Mist, er hatte gar keine Waffe; es musste sich demnach um einen Fotografen handeln. Aber was gab es so Interessantes im Niendorfer Gehege zu fotografieren, dass man in diesem Aufzug herumlaufen musste?

„Ein Fichtenkreuzschnabelpaar hat sich in unser Niendorfer Gehege verirrt“, hörte sie den Mann sagen. „Er ist der einzige Vogel, der im Winter seine Jungen zur Welt bringt. Seine Hauptbrutzeit reicht von Dezember bis April. Es liegt an den Samenzapfen. Sie sind in den Wintermonaten reif und daher hat das Tier genug Nahrung, um seine Jungen aufzuziehen, zu füttern und ins Erwachsenenalter hinüberzubringen.“

Die beiden Polizisten hörten ihm geduldig zu.

„Ich bin … Hobbyfotograf!“, stotterte der Mann empört und unsicher. „Vor allem seltene Vögel haben es mir angetan. Als ich las, dass ein Paar Fichtenkreuzschnäbel hier brütete, habe ich den Anzug übergezogen, die Ausrüstung geschnappt und bin los. Meine verstorbene Frau, Gott habe sie selig, hat mir diesen … Flecktarnanzug vor Jahren mal gekauft. Ich hatte es bisher nie geschafft … ihn zu tragen.“

Die letzten Worte klangen etwas weinerlich, fand Usch. Aber interessant war, dass der Typ auch Witwer war, so wie sie! Und dazu so gut aussehend! Vielleicht sollte man bei ihrem Kaffeekränzchen mal eine Ausnahme machen, was die Aufnahme von verwitweten Männern anging. Es war doch Weihnachten. Das Fest der Liebe.

Sie hörte undeutlich, wie die Beamten seine Personalien abfragten und notierten. Dann sah sie ungläubig und wie gelähmt zu, wie der Mann mit schnellem Schritt den Weg hinab in Richtung Schmetterlingswiese verschwand.

Sie warf Ferdie auf den Fahrersitz, sprang aus dem Streifenwagen und sprintete dem Unbekannten hinterher.

„Halt! Stehengeblieben!“, schrie sie. Erschrocken stoppte der Mann und drehte sich um.

„Sie … Sie sind auch … Witwer, habe ich das richtig gehört?“

Keuchend hatte sie ihr Ziel erreicht und wunderte sich selbst über ihre Ausdauer.

„Möchten Sie vielleicht heute Abend zu unserer Witwer-Weihnachtsfeier dazustoßen? Es gibt Essen und Eierlikör bis zum Abwinken!“

# Chris-Kind

Gernot Ott war Nichtschwimmer. Aber das hatte ihn in den letzten 47 Jahren nie gestört. Es war nicht so, dass er in einem Gewässer beim Verlust des Bodenkontaktes sofort ertrank. Nein, er konnte sich schon eine Zeit lang über Wasser halten. Aber mühsam. Trotzdem war es ihm lieber, wenn er sich auf trockenem Grund befand. Ein seltsames Bauchgefühl begleitete ihn, als er 2021 den Job als Fahrstuhlwärter im Alten Elbtunnel antrat. Doch inzwischen fühlte er sich sicher, hier, knapp 24 Meter unter der Elboberfläche. Seit die Weströhre geschlossen und renoviert wurde, hatte sich der Fahrrad- und Fußgängerverkehr komplett auf die Oströhre beschränkt. Nie war die Kabine so oft in Bewegung wie in dieser Zeit. Hoch und runter im Minutentakt. Das verlangte ihm einen erheblichen Mehraufwand an Kraft ab. Ott war froh, in der Nacht nach Dienstende in seiner Wohnung die Füße hochlegen und sich ein Feierabendbier gönnen zu können. Der Junggeselle hatte vor einiger Zeit eine Frau kennengelernt: Walburga. Der Name war Programm. Anfänglich hatte die Witwe und Laienschauspielerin mit den knallroten Locken den gebürtigen Hamburger gestresst. Ihre unstete und laute Art erinnerte ihn an seine verstorbene dominante Mutter. Trotzdem hatte er der 40-Jährigen eine Chance gegeben. Nach einem Jahr ihrer Bekanntschaft lief alles recht harmonisch. Ott hatte sich zwar eher ihren Interessen angepasst als umgekehrt. Aber das war ein echter Vorteil für den Mann. Verließ er Jahre zuvor die Wohnung, die er sich in Heimfeld mit der Mutter teilte, ausschließlich, um Spiele des HSVH anzuschauen und zur Arbeit zu gehen, besuchten die beiden nun öfters Musicals, Theaterstücke und Konzerte. Auch ein gemeinsames Dinner stand hin und wieder auf dem Programm. Am liebsten beim Italiener. Ansonsten bereitete der gelernte Koch seiner Flamme auch mal gerne selbst ein Gericht zu.

Ott schaute an diesem 1. Weihnachtstag auf seine Armbanduhr: 15.47 Uhr. In dreizehn Minuten würde er seine Seite des Alten Elbtunnels abschließen. An Feiertagen war die Röhre nur bis 16 Uhr geöffnet. Der Kollege gegenüber auf der Steinwerder Seite stand sicher schon in den Startlöchern zum Feierabend. Bis Mittwoch hatte Ott frei und erst am Donnerstag übernahm er wieder die Frühschicht um 5.30 Uhr.

Ein lautes Geräusch über seinem Kopf ließ ihn zusammenzucken. Es klang, als wenn jemand einen schweren Kanaldeckel gemächlich zur Seite schöbe. Das Geräusch dauerte wenige Sekunden, dann war wieder Stille. Schon des Öfteren gab es solche Kratzgeräusche, die oben vom Grund der Elbe kamen. Schiffe, so hatte man ihm erklärt, vergaßen hin und wieder ihren schweren Anker einzuholen und zogen diesen dann kilometerweit auf dem Grund hinter sich her. Es würde an den schweren Metallplatten liegen, die auf den Röhren lagen. Sie verhinderten während der Renovierungsarbeiten einen Auftrieb der beiden Röhren des Alten Elbtunnels. Aber dieses schabende Geräusch von vorhin musste von einem Anker herrühren. Anfänglich hatte Ott beim Auftreten solchen Lärms noch seinen Vorgesetzten angerufen und ihn darüber informiert. Aber nachdem die Geräusche mindestens einmal monatlich auftraten, hatte er es irgendwann aufgegeben. Sollte sich doch der Kollege drüben darum kümmern. Auf jeden Fall würde er es protokollieren. Er trat in sein kleines Wachhaus und kritzelte einige Zeilen in das Wachbuch. Unter seiner dicken Schutzjacke trug er schon eine Anzugshose und ein Jackett für heute Abend. Walburga hatte ihn zum festlichen Weihnachtskonzert in die Laeiszhalle eingeladen. Die *Kammersolisten Berlin* würden auftreten. Es war nicht seine Musik, aber die Lebensgefährtin begleitete ihn auch hin und wieder zu Heimspielen des *Handballsportvereins Hamburg*. So auch letzten Dienstag in die ausverkaufte *Barclays Arena* gegen den *SC Magdeburg*. Er würde die Frau sofort anrufen, wenn er wieder aus der Röhre gestiegen war und Empfang hatte. Sie wollten vorher noch eine Kleinigkeit essen gehen. Inzwischen waren die letzten Fußgänger in den kleinen Aufzug gestiegen und Ott vergewisserte sich, dass von Steinwerder niemand mehr unterwegs war. Der Kollege drüben hatte sicher schon abgeschlossen. Ott forderte den Personenaufzug an. Und verriegelte ihn, als er unten angekommen war. Auch den Holzverschlag des Lastenaufzugs schloss er von außen ab. Das war sein tägliches Ritual, wenn Ott Spätdienst hatte. Anschließend genoss er es, die Stufen hinauf zu den Landungsbrücken zu laufen. Sie waren irgendwie sein Ausgleich zum fehlenden Sport. Auch hatte Ott es sich zur Angewohnheit gemacht, nach Verschluss der Aufzüge noch einmal seine Hälfte der 426,5 Meter langen Röhre abzulaufen und Dinge einzusammeln, die Fußgänger und Fahrradfahrer verloren oder weggeworfen hatten. Dies musste sich bei den Vorgesetzten rumgesprochen haben. Denn im letzten Jahr bekam Ott ein besonderes Lob, verbunden mit einer Prämie aufgrund dieser Reinlichkeit. Andere Kollegen machten es ihm nach. Doch ihr Eifer dauerte nur wenige Tage an. Dann überließ man die Arbeit wieder den Reinigungskräften, die zweimal pro Woche nachts mit ihren Maschinen den Boden der Röhre nass durchputzten.

Walburga und er hatten sich am gestrigen Heiligabend beschenkt. Zuvor hatten beide Präsente vehement abgelehnt. Doch je näher das Weihnachtsfest kam, desto mehr wurden sie zu einem Thema. Einer beschuldigte den anderen, sich nicht ans Wort zu halten und den anderen unter dem kleinen Plastiktannenbaum doch mit einer Kleinigkeit überraschen zu wollen. Daraufhin hatten sie sich geeinigt, doch etwas zu schenken. Aber mehr als zwanzig Euro sollten nicht ausgegeben werden. Walburga hatte natürlich übertrieben und ihm ein Fan-Shirt des HSVH gekauft. Das mit der Nummer 77, dem Handballspieler Dani Baijens, einem niederländischen Nationalspieler. Ott konnte sich nicht ganz so freuen. Denn was Walburga nicht wusste, war, dass Baijens den HSVH im kommenden Sommer in Richtung Paris verlassen würde. Er verschwieg es ihr und hatte die Weihnachtsgabe überschwänglich dankend angenommen. Seine Kleinigkeit war ein teures Parfüm. Der Preis hatte weit über den vereinbarten zwanzig Euro gelegen. Aber er schwindelte etwas von Angebot, und sie hatte ihn lachend auf die Nase geküsst und sich mit dem Parfum eingesprüht.

Auf dem Weg zur Mitte der Röhre hatte Ott das Gefühl, das Bauwerk bewegte sich leicht. Sicher täuschte er sich und es lag an seinen Schwindelattacken, die er von Zeit zu Zeit spürte. Noch hatte er niemandem davon erzählt. Sicher würden sie von selbst verschwinden. Ansonsten musste er tatsächlich mal den Hausarzt aufsuchen.

Als junger Mann hatte er sich nach abgebrochener Metallbauerlehre zum Koch ausbilden lassen und mit Gelegenheitsjobs rumgeschlagen. Bis zum Tode der Mutter lebte Ott mit ihr zusammen. Die Alleinerziehende war stets dankbar über ihren familiären Mitbewohner. Doch als sie krank und ein Hospiz unausweichlich wurde, musste er die große Wohnung kündigen und sich in ihrer Nähe etwas Günstigeres suchen. Es hatte lange gedauert, bis er sich nach ihrem Tod wieder auf die Straße und unter Menschen traute. Ja, und dann lernte er in der Thalia-Buchhandlung Walburga kennen.

Bis auf einige benutzte Papiertaschentücher und einen Heiße-Ecke-Prospekt, ein Musical, das auf St. Pauli in *Schmidts Tivoli* gespielt wurde und Walburga und er schon besucht hatten, war der Boden der Röhre recht sauber. Ott machte sich auf den Rückweg. Es fühlte sich erhaben an, hier allein durch den Tunnel zu spazieren. Wie der Platzwart eines großen Stadions kam er sich vor. Plötzlich schwankte der Boden. Sein Anfangsverdacht, es könnte an seinem Kreislauf liegen, bestätigte sich somit nicht. Die Bewegung fand tatsächlich in der Röhre statt. Sie war so stark, dass Ott zu stürzen drohte. In seiner Verzweiflung suchte er Halt. Aber er fand nichts, und ehe er sich's versah, lag er auf dem harten Fliesenboden. Auf dem Rücken liegend spürte er einen Schmerz am Handgelenk. Das fehlte noch. Für 19 Uhr hatten sie Karten – und nun …!

Feuchtigkeit drang plötzlich unter seine Jacke auch in die Hose. Er verstand nicht gleich, benutzte die rechte, gesunde Hand, um sich aufzustützen. Wollte sich aufrichten, doch die Hand tauchte in kaltes Wasser. Es roch auf einen Schlag anders im Tunnel. Mehr nach Nässe als sonst. Ott spürte weitere Bewegung unter sich, und gleichzeitig stieg der Wasserpegel. Kälte machte sich bemerkbar. Seine Nackenhaare hatten sich aufgestellt und noch immer verstand er nicht, was da genau passierte. Er zermürbte sein Hirn. Hier unten gab es doch keine Wasserleitung. Keine Toilette, bei der ein Gast Wasser hätte laufen lassen können. Die Gedanken rasten durch seinen Kopf. In mehr als zwanzig Meter unter der Oberfläche gab es nur die Röhre und … das Wasser der Elbe über ihr.

Die Bewegungssensoren in der Zentrale der *Hamburg Port Authority* schlugen an diesem Weihnachtsfeiertag zum ersten Mal gegen 15.47 Uhr an. Marius Diklich, Verantwortlicher am Bedienpult, hatte es sofort registriert. „Wieder solch ein dämlicher Kapitän, der mit seinem Anker über die Röhren fährt!", dachte er. Das Problem war bekannt, aber noch hatte niemand eine Lösung dafür parat. Und da bisher keine echten Schäden verursacht worden waren, kümmerte man sich nicht darum. Diklich schrieb den Vorfall in das Tagesprotokoll und wandte sich wieder der Zeitung zu. Es juckte ihn herauszubekommen, wer das mit dem Anker war, und er wechselte die Maske seines Computers. Natürlich wieder so ein Riesenkutter, der unter chilenischer Flagge in den Hamburger Hafen einfuhr. Irgendwann zog so ein Dämel eine Röhre des Alten Elbtunnels hinter sich her – bis vor die Elbphilharmonie, grinste er. Und hoffentlich befand sich zu dem Zeitpunkt kein Mensch darin.

Die Feuerwehr empfing den Notruf der *HPA* um 16.09 Uhr. Luis Hansemann am Telefon in der Rettungsleitstelle glaubte erst an einen Scherz, als Malte Bornhövel von der *Hamburg Port Authority* vom Auftrieb einer Röhre des Alten Elbtunnels sprach. Die *HPA* war für den Hafenbetrieb, die Hafenentwicklung sowie die Entwicklung und Unterhaltung der Infrastruktur verantwortlich und ebenfalls für die Sicherheit des Schiffsverkehrs.

Hansemann hatte über die Jahre viel Kurioses am Einsatztelefon in der Wendenstraße 251 in Hammerbrook erlebt. Dass sich jedoch die Röhre des Tunnels einmal lösen sollte, das hätte er nicht für möglich gehalten. Eher klang diese Information für ihn nicht glaubhaft. Aber sein Job war es, die Einsatzkräfte zu alarmieren und loszuschicken. Er schaute auf die Uhr neben dem Monitor: 16.14 Uhr. Wurde die Röhre heute nicht schon ab 16 Uhr für den Personenverkehr geschlossen? Er hoffte, dass sich seine Erinnerung an die Zeiten bestätigte; und während er Alarm schlug und die Kollegen der Feuerwehr informierte, überprüfte er diese Zeiten. Tatsächlich. Über die Weihnachtsfeiertage lauteten die Öffnungszeiten: 10 bis 16 Uhr. Gerade war es Viertel nach vier. Bestimmt hatte die Hafenbehörde die Norderelbe schon für jeglichen Schiffsverkehr gesperrt. Hansemann sandte sofort zwei Einsatzfahrzeuge los. Er benachrichtigte auch die Sanitäter und die Taucherstaffel. Man weiß ja nie, dachte er.

Georg Weirich, erfahrener Taucher und zwölf Jahre Kampfschwimmer bei der Marine, war, bevor er sich in Hamburg bei der Feuerwehr als Entschärfer beworben hatte, einer der wenigen der Taucherstaffel, die an diesem Weihnachtstag Bereitschaft hatten. Der 42-Jährige, inzwischen fast zehn Jahre im Job, galt bei den Unterwasser-Entschärfern als der Taucher für die schwierigen Fälle. Er rief seinen Bootsführer Siggi Schütz an und zusammen mit Kollege Jimmi Herzog wollten sich die drei vor dem Eingang des Alten Elbtunnels treffen. Die Straßen der Hansestadt waren wie jedes Jahr reich mit Weihnachtsbeleuchtung geschmückt. Aber das ließ ihn kalt. Eher lautete die Frage, was ihn heute erwarten würde? Im letzten Jahr, so erinnerte er sich, war sein persönliches Highlight dieser Verdacht, dass zwei durchgeknallte Typen mit hohem Aufwand eine scharfe Seemine in die Norderelbe geschmissen haben sollten. Zum Glück stellte sich alles als Fake heraus. Trotzdem war es sehr aufwendig, und der Taucher dachte mit gemischten Gefühlen an seinen Einsatz zurück. Wieder stand der Alte Elbtunnel im Mittelpunkt des Geschehens. Man hatte von Bewegung der Röhren und von Wassereinbruch gesprochen, als man ihn anrief. Auch davon, dass sich wohl keine Menschen in unmittelbarer Gefahr befanden. Eine gute Nachricht. Der geschiedene Feuerwehrmann hatte auf jeden Fall seine eigene Ausrüstung in den Dienst-Passat geschmissen, bevor er aus Bergedorf losfuhr.

Schon von Weitem rückte die Weihnachtsbeleuchtung durch ein Riesenaufgebot an Einsatzfahrzeugen mit Blaulicht in den Hintergrund. Weit vor dem *Fischmarkt* hatten die Kollegen die Straße abgesperrt. Auch Weirich schaltete das Blaulicht ein und mit einem kurzen Blick in das Fahrzeuginnere winkte ihn ein Uniformierter durch. Weirich stellte den Wagen mitten auf der *St. Pauli Hafenstraße* ab. Dort herrschte ein riesiger Tumult. Zahlreiche Kräfte rannten zum Nordeingang des Alten Elbtunnels.

Walburga war nicht immer so ausgelassen und flippig wie heute. Eigentlich hatte sie sich irgendwann dazu entschlossen, genauso zu sein. In Harburg geboren, in Altona aufgewachsen, kämpfte sie schon in jungen Jahren mehr oder weniger ums Überleben. Der Vater ein Trinker, der nur sporadisch einer Arbeit nachging. Die Mutter überfordert mit ihr und den vier Geschwistern. Schon damals war ihr klar, so wollte sie nie leben und sein. Später lernte sie mit Ewald einen fleißigen Handwerker kennen. Mit Sophie wurde im Jahr 2009 ihr gemeinsames Glück lebendig. Doch kurz nachdem Sophie acht Jahre alt geworden war, sechs Jahre war es inzwischen her, wurde ihr Glück mit Füßen getreten. Ewald hatte Sophie zu Weihnachten ihr erstes Fahrrädchen gekauft. Walburga fand, dass es noch zu früh wäre. Das Kind war so fein und noch nicht reif, sich auf der Straße zu bewegen. Am 2. Weihnachtsfeiertag fuhr Sophie in einer sonst wenig befahrenen Nebenstraße unter einen Kleintransporter. Sie war sofort tot. Ewald folgte ihrer Reise genau ein Jahr später. Walburga wusste um seine angeschlagene Psyche; ließ ihn fast nie allein. Aber einmal doch – und ihr Mann, der innerlich mit seiner Schuld kämpfte, erhängte sich im Garten an einem Obstbaum. Erst im letzten Jahr traute sich die Verkäuferin wieder unter Leute. Ließ ihre Haare knallrot färben und entschloss sich, das Leben – trotz aller Widrigkeiten – wieder in vollen Zügen zu genießen. Schnell stellte sie fest, dass viele Männer einen Blick und mehr auf sie warfen. Doch einige waren verheiratet und andere wollten nur ihren Spaß mit der hübschen Frau. Fortan ließ sie es ruhiger angehen. Lernte später Gernot kennen. Ein Muttersöhnchen, dachte sie erst. Aber nach und nach entwickelte sich daraus ein passables Team, und heute wollte sie nicht mehr ohne den ruhigen Menschen sein. Lange Zeit waren Blümchensex und Kuscheln das Einzige, was für Gernot infrage kam. Sie wusste nicht, ob er überhaupt schon einmal Sex mit einer Frau wirklich genießen konnte. Erst vor wenigen Monaten änderte sich das. Beide kosteten ihre Zweisamkeit sichtlich aus, und es war, als wäre endlich ein Knoten endlich geplatzt. Überrascht stellte sie Wochen später fest, dass sie schwanger war. Überlegte lange, wie sie weiterverfahren wollte. Sie war 40 Jahre alt, ohne irgendwelche Erkrankungen. Aber ein Restrisiko blieb doch: Das Alter. Sie entschloss sich, Gernot am Todestag ihrer kleinen Sophie von ihrer Schwangerschaft zu berichten. Sie wusste nicht, wie er reagieren würde. Der Mann lebte bislang nur mit seiner Mutter zusammen und ein Kind könnte ihn überfordern.

Walburga hatte sich festlich zurechtgemacht. Verließ ihre kleine Wohnung in Hammerbrook um 21.30 Uhr und stieg wenig später in die S3. Ihre Absicht war es, Gernot am Ausgang des Alten Elbtunnels abzupassen. Er war ein penibler Mensch mit hohem Sinn für Verantwortung. Das war auch eine seiner Stärken. Keine Minute früher würde er seinen Arbeitsplatz verlassen. Sie wunderte sich über die Durchsage, dass die Station Landungsbrücken gesperrt sei und die S-Bahn erst wieder an der Reeperbahn halte. Sie schaute auf ihr Handy. Die Nachrichten überschlugen sich. Irgendetwas war mit der Röhre des Alten Elbtunnels. Sie wurde aus den vielen Berichten nicht schlau. Ihr Herz schlug bis zum Hals und verhinderte jeden klaren Gedanken. Die Frau verließ auf der Reeperbahn den Zug und sprintete zur Landungsbrücke. Es war maximal ein halber Kilometer und für die sportliche 40-Jährige keine Herausforderung. Sie hatte ein seltsames Gefühl. Es erinnerte sie an die Tage nach dem Tod der Tochter. Nicht schon wieder einen Menschen verlieren! Den dritten in ihrem kurzen Leben. Von der eigenen Mutter mal abgesehen.

Die Einsatzleitung am Alten Elbtunnel lag in den Händen von Dr. Gundula Schnabel. Für die Oberbranddirektorin war es das erste Mal, dass sie eine solche Verantwortung übernehmen musste. Die 42-Jährige war erst vor vier Monaten ganz plötzlich zu diesem Amt gekommen. Aber sie hatte keinerlei Zweifel daran, dieser Aufgabe gewachsen zu sein. Mit ihrem Stab und in Zusammenarbeit mit der *HPA* und der Polizei koordinierte sie die Situation auf der Elbe und bei den Landungsbrücken.

„Da wir uns nicht um die Rettung von Menschen kümmern müssen, hat die Befestigung der Röhren Priorität. Wie schieben wir die Platten wieder in die korrekte Position?“, wollte sie von Malte Bornhövel von der *HPA* wissen, einem Mann um die vierzig mit moderner Brille.

„Ein Boot mit Sonar ist unterwegs und bestimmt vor Ort die aktuelle Lage der Stahlplatten. Zum Glück ist die Elbe dort mit knapp 20 Metern nicht sehr tief. Dafür haben wir schweres Gerät auf Booten.“

„Wie lange werden wir benötigen, bis wir den Schiffsverkehr wieder freigeben können?“ Schnabel hatte noch die Stimme des Oberbürgermeisters im Ohr, der ihr unmissverständlich deutlich gemacht hatte, dass u. a. noch zwei Kreuzfahrtschiffe am Pier lagen und auf ihre Abfahrt warteten. Zumindest die *AIDA* hatte ihr eigenes vorgelagertes Terminal und war nicht von der Sperrung der Elbe betroffen.

„Weiß man schon genau, was vorgefallen ist?“, wollte der Polizeipräsident wissen, der vor wenigen Minuten eingetroffen war.

„Wieder so ein Anker!“, kam Bornhövel Dr. Schnabel zuvor. An ihrem rot leuchtenden Gesicht sah man, dass es ihr nicht recht war, wenn sich andere einmischten.

„Frau Schnabel, entschuldigen Sie bitte!“

Die plötzlichen Worte ließen die Leiterin der Feuerwehr den Kopf zur Seite drehen. Dort stand einer ihrer uniformierten Kollegen, daneben eine rothaarige Frau. Das Gesicht der Frau war kreideweiß. Das wurde noch durch die grelle Haarfarbe intensiviert.

„Die Frau meint, ihr Lebensgefährte könne noch … da unten … sein!“

„Was?“ Frau Schnabel drehte sich zu Herrn Bornhövel und ihr Gesichtsausdruck zeigte Entsetzen.

„Sie haben mir mitgeteilt, dass sich keine Personen mehr in den Röhren aufhalten. Ist das nun korrekt?“

Malte Bornhövel wurde unruhig. Auch er hatte sich auf Hinweise seiner Mitarbeiter verlassen. „Um wen geht es?“, wandte er sich der Rothaarigen zu.

„Um Gernot Ott! Mein Lebensgefährte hatte bis 16 Uhr Dienst in der Röhre!“

Gernot Ott hatte sofort mit Strampelbewegungen begonnen, als das Wasser immer höher stieg. Nach einer Weile entledigte er sich seiner Schuhe. So schwamm es sich besser. Aus seiner Position konnte er das Ende der Röhre sehen. Noch war die Deckenbeleuchtung nicht betroffen. Ihm war bewusst, Wasser und Strom vertrugen sich nicht. Er verdrängte den Gedanken, wunderte sich, wie einfach Schwimmen war, wenn man sich in Not befand. Er ruderte und strampelte in Richtung seines Arbeitsplatzes. Ihm war die Lage, in der er sich befand, bewusst, und zum ersten Mal freute er sich, dieses eine Jahr als Metallbauer auf der Baustelle verbracht zu haben. Sein technisches Verständnis könnte ihm heute zugute kommen. Doch sein Rücken hielt damals nicht durch und seine Psyche schon gar nicht. So hielt er mit einigen Krankenscheinen nur ein Jahr auf dem Bau durch, bevor er zu der Kochlehre nach Altona wechselte.

Die Röhre hatte sich zur Steinwerder-Seite gesenkt beziehungsweise in Richtung St. Pauli angehoben. Das war ihm plötzlich bewusst geworden. Also würde das Wasser sich zunächst drüben ansammeln. Das war seine Chance. Die Chance zu überleben. Er schwamm also irgendwie bergauf, musste schnellstmöglich zur Treppe gelangen. Auf der anderen Seite wären seine Aussichten zu überleben, extrem schlechter. Ob der Kollege …? Nein, gerade ging es nur um ihn. Um sein Leben. Er drosch mit den Händen auf das Wasser ein, als gäbe er ihm die Schuld für diesen Umstand.

Im TV hatte er oft Schwimmwettbewerbe angeschaut. Die Becken hatten eine Länge von 50 Metern. Und er war sicher noch gute 100 Meter entfernt vom St.-Pauli-Aufstieg.

Dr. Schnabel hatte die rothaarige Frau in eine Ecke gebeten. Walburga hatte angefangen zu weinen und der Direktorin von ihrer Schwangerschaft erzählt. Der Mutter von zwei Jungen war klar, dass dieser Umstand ihre intensive Arbeit noch befeuerte. Die Leiterin bat den verantwortlichen Taucher zu rufen, und schon wenige Augenblicke später gesellte sich Georg Weirich zu den beiden Frauen. Er trug seinen Neoprenanzug über der Schulter und zog die Taucherflaschen in einem kleinen Transportwagen hinter sich her.

„Es könnte sein", begann sie ihm zu berichten, „dass sich noch eine Person in der Röhre befindet. Ein Mitarbeiter der *HPA*."

Weirich nickte ernst und sofort lief in seinem Kopf das entsprechende Szenario ab. Er war mit dem Alten Elbtunnel, ob innen oder außen, vertraut. Wenn sich dort unten noch jemand aufhielt, könnte der sich mit etwas Glück eine Luftblase gesucht haben und einige Zeit überleben.

„Ist Ihr Mann ein guter Schwimmer?", fragte er die Rothaarige mit ruhiger Stimme.

„Eher nicht!", antwortete Walburga und schaute auf die Elbe, wo die ersten Schiffe mit sonderbaren Aufbauten zur Flussmitte fuhren. Sie wollte den Taucher erst darauf hinweisen, dass beide nicht verheiratet waren. Dann ließ sie es. Gernot würde der Vater ihres Kindes werden. Ein Sohn, wie sie glaubte, und sie hatte unterwegs auch schon nach einem Namen gesucht. Chris wollte sie ihn nennen. Natürlich nur, wenn Gernot damit einverstanden war. Wenn er nicht vorher …! Sie begann lautstark zu weinen.

„Halt, halt!" Weirich legte seine Hand auf ihre Schulter. „Ich tauche sofort nach unten und schaue mir das an!"

„Legen Sie eine Leine an, damit wir sie gegebenenfalls zurückziehen können. Das Wasser ist trüb!"

Weirich war etwas beleidigt, dass ihm die neue Leiterin der Feuerwehr seinen Job erklären wollte. Aber er grinste nur.

„Ich nutze das neue Ortungssystem. Das bringt mich sicher zurück." Ohne weiteren Kommentar entledigte er sich der Jacke, seines Pullovers, der Schuhe und der Hose. In Funktionsbekleidung stand er keine Minute später neben den Frauen und schlüpfte geschickt und erfahren in seinen Neoprenanzug.

„Wie lange können Sie bei der Wassertemperatur unten ausharren?", wollte Schnabel wissen.

„Lange genug!", grinste Weirich und rannte, das Wägelchen im Schlepptau, zur Eingangstür des Alten Elbtunnels.

„Lieber Gott, es ist Weihnachten, bitte lass Gernot nicht dort unten ertrinken!", betete Walburga. Dr. Schnabel war in Gedanken versunken und hatte nicht zugehört.

„Wie bitte?"

„Ich bete nur für meinen Gernot!"

Ott war kaum noch 50 Meter von der Treppe hinauf zu den Landungsbrücken entfernt, als das Licht erlosch. Es war kein großer Moment. Nicht wie man oft im TV bei Katastrophenfilmen sah, mit Lärm und Funkenflug, vielleicht auch mit einer Explosion. Von einem Moment auf den anderen war es einfach dunkel geworden. Er erschrak, hatte es aber kommen sehen. Er unterbrach seine Schwimmtätigkeit nicht. Nach wenigen Sekunden konnte er etwas Helles sehen. Es musste die fluoreszierenden Streifen sein, die man aus Vorsicht vor einem Stromausfall überall in den Röhren angebracht hatte. Er konnte die geflieste Decke inzwischen mit der Hand berühren. Bald würde der Wasserpegel in der Röhre zu hoch sein, um zu atmen. *Die Höllenfahrt der Poseidon*, ein Spielfilm aus den 70ern, kam ihm in Erinnerung. Eric Shea kämpfte als junger Passagier Robin Shelby zusammen mit Gene Hackmann in einem nach einem Seebeben gesunkenen Schiff vor Kreta ums Überleben. Ott konnte nicht mehr sagen, wie oft er diesen Film gesehen hatte. Auf jeden Fall musste er 14 Jahre – etwa so alt wie Robin damals – gewesen sein, und er schaute den Film häufiger, als seine Mutter davon wusste. Er hatte die VHS-Kassette mehrfach in der Videothek auf ihren Namen nachbezahlt. Von seinem Taschengeld. Nun befand er sich in ähnlich schlechter Lage. Was hätte Robin in seiner Situation getan?, fragte er sich. Aber es war nur ein Film. Hier traf ihn die harte Realität. Er dachte an Walburga. Ob sie inzwischen darüber informiert war, dass er sich in Not befand. Sie war die letzten Tage anders gewesen. Es kam ihm vor, als laste etwas auf ihr. Er spekulierte, dass sie schwanger sein könnte und sie es ihm sicher heute oder morgen mitteilen wollte. Nun würde es vielleicht zu spät sein. Wenn es tatsächlich so wäre, würde sein Kind als Halbwaise aufwachsen. Nein, er mobilisierte alle Kräfte und schwamm auf Teufel komm raus.

Weirich hatte seinen Tauchkollegen Jimmy Herzog und den Bootsführer Siggi Schütz gebeten, einen starken Lautsprecher aufzustellen, um laute Musik abzuspielen. Das könnte Ott die Richtung weisen. Aber ganz überzeugt war er nicht von dieser Idee und ließ sich ins Wasser gleiten. Die Wassertemperatur machte ihm nichts aus. Nicht dass die Elbe so warm wäre wie das Mittelmeer. Nein, sie vermittelte nur wenige Tage im Jahr echte Schwimmqualität. Er fand es seltsam, hier schon bei den Treppen Wasser zu sehen. Die ersten Stufen konnte er noch laufen. Doch dann kam die Wasseroberfläche. Den Strom hatte man zum Glück abgeschaltet. Ohne Frage machte das auch einem eventuell Überlebenden dort unten Probleme. Weirich hatte mal eine Überlebensübung im Alten Elbtunnel durchgeführt. Vor Jahren. Mit Kollegen der Polizei und der Feuerwehr. Nun war seine damalige Vermutung von einem Wassereinbruch im Alten Elbtunnel Realität geworden.

Das neue Ortungssystem verschaffte ihm noch mehr Sicherheit beim Tauchen als sonst. Er hatte es auf die Position eingestellt, wo er ins Wasser gestiegen war. Das mit einem Tiefenmesser kombinierte Gerät hatte ihm der Hersteller vor wenigen Tagen zum Testen zur Verfügung gestellt. Nun konnte es sich beweisen. Das Wasser war echt kalt und Schauer liefen über Weirichs Körper. Es war immer das Gleiche, bis sich sein Körper an die Temperatur gewöhnt hatte. Er griff an seine linke Schulter. Vergewisserte sich über das zweite Atemmundstück. Sollte er auf Gernot Ott treffen und dieser noch am Leben sein, wollte er ihn über dieses kleine Mundstück mit Atemluft versorgen. Und verlässlich nach oben bringen. Das war sein erklärtes Ziel, als er sich die Stufen hinabschlängelte. Viel Zeit blieb nicht.

Walburga hatte man in ein Fahrzeug der Feuerwehr gebeten, sie mit heißem Kaffee ausgestattet und dann allein gelassen. Ihr war klar, sie konnte nicht helfen. Das Gegenteil war der Fall. Wenn sie klagend und jammernd im Weg stand, würde sie schnell zum Störfaktor werden. Sie nippte am heißen Getränk. Dieser Taucher, Weirich hieß er, hatte ehrliche Augen. Sie vertraute ihm. Er würde gewiss alles tun, um Gernot zu retten. Die Frau lehnte ihren Kopf zurück und schloss die Augen. Sie durfte sich nicht verrückt machen. Musste Ruhe bewahren. Auch wenn es ihr schwerfiel.

Ott hatte sich auf den Rücken gelegt und hielt sich über Wasser, indem er mit den Beinen strampelte. Inzwischen spürte er die Kälte. Vorhin war sie noch als kleineres Übel bemerkbar. Nun verursachte sie bei ihm Bewegungsschwierigkeiten. So, als hätte man ihm ein Betäubungsmittel gespritzt. Ein Muskelzittern kam hinzu. Ihm wurde bewusst, dass sein Urteilsvermögen – was Richtung und Entfernung anging – litt. Der Abstand zur Decke betrug nur noch wenige Zentimeter und gerade erst war er an der anderen Röhrenseite angestoßen. Er musste die angestrebte Richtung verlassen haben. Die Aufzüge waren nicht mehr funktionstüchtig. Die Treppe war die einzige Chance. Wenn die Röhre sich in Richtung Steinwerder senkte, sollte die Treppe an den Landungsbrücken noch frei sein vom Elbwasser. Die Hoffnung stirbt zuletzt, dachte er und bemühte sich, seinen Geist und die müden Knochen munter zu halten.

Weirich war am Ende der Treppe angelangt. Das Wasser war trüb. So trüb, dass er kaum seine Hand vor Augen sah. Er bewegte sie etwas nach vorne. Schon war die Sicht zu ihr unterbrochen. Wie sollte er Ott bloß finden? Sein Sauerstoffvorrat reichte für weniger als 30 Minuten. Er könnte die Röhre ein Stück entlangschwimmen. Doch dann musste er bald zurück. In der Weströhre erfolgten momentan Baumaßnahmen. Ansonsten hätte er allein keine Chance, überhaupt etwas zu finden. Nur mit weiteren Tauchkameraden wäre das Auffinden von Ott oder seiner Leiche möglich. Die Röhre hatte sich, so die Aussage der Sachverständigen, in Richtung St. Pauli aufgestellt. Sicher hatte der Schiffsanker nicht alle Stahlplatten weggerissen. Wenn Ott sich bei Flutung der Röhre mittig im Tunnel befunden hatte, gab es für ihn definitiv keinerlei Überlebenschance. Zwar gab es mittig in der Röhre oben an der Decke noch einige Zentimeter Atemluft. Doch das Wasser war sicher extrem schnell eingedrungen. Wenn der Mann sich vorne bei seinem Arbeitsplatz befunden hatte, als die Röhre Auftrieb bekam, dann musste er sogar die Chance gehabt haben, über die Treppe den rettenden Ausgang zu erreichen. Weirich konnte sich keinen Reim zur Lage der vermissten Person machen.

Gernot Ott war müde geworden. Sehr müde. Er befand sich in einem Stadium, das die Mediziner *mittelgradige Hypertonie* nannten. Bis zur

Bewusstlosigkeit und zum Atemstillstand fehlte noch das Sinken der Körpertemperatur um weitere zwei bis vier Minusgrade. Ott war nahe davor zu ertrinken. Er hatte schon mehrfach Wasser geschluckt und wieder ausgehustet. Gerade war der Abstand zur Decke und zum Sauerstoff wieder etwas größer geworden. Das Zittern der Muskeln hatte aufgehört. Er befand sich in einer Art Lethargie. Glaubte Musik zu hören. Dort, wo Musik war, befand sich Leben, signalisierte ihm das restliche und aktive Bewusstsein. Instinktiv bewegte er sich in Richtung der Töne.

Weirich hielt sich in der Mitte der Röhre. Es brachte wenig, weit hinauszuschwimmen. Er kreuzte – ähnlich wie beim Surfen – von einer Röhrenseite zur anderen. Hinter sich hatte ein Song von *Metallica* zu einem der *Fantastischen Vier* gewechselt. Wer war bloß für die Musikauswahl zuständig? Jimmi oder Siggi? Sie hätten doch auch eine Weihnachts-CD abspielen können. Aber das war Jacke wie Hose. Mensch, Ott, wo bist du?, wollte er laut rufen. Aber das ging nicht. Das Mundstück des Regulators verhinderte das.

Walburga hielt es im Wagen nicht aus. Sie schlich sich nach draußen. Die Maschinen der Boote, die sich in Höhe der Landungsbrücke auf der Norderelbe befanden, verursachten Gerüche von Diesel und Ruß und sie zogen in ihre Richtung. Dort draußen waren die Besatzungen dabei, irgendwelche ihr unbekannten Ausleger und Geräte in Richtung Wasser zu lassen. Sicher musste die Röhre nach unten gedrückt und wieder befestigt werden. Drüben am Aussichtspunkt Steinwerder standen zahlreiche Personen und schauten den Arbeiten auf dem Fluss zu. Touristen und Schaulustige konnten das doch nicht sein? Es war doch alles abgesperrt, ärgerte sich die Frau. Was, wenn man gleich den Leichnam ihres Freundes aus der Eingangstür des Alten Elbtunnels trug? Nein, sie wollte sich keinesfalls mit dem Gedanken anfreunden.

Ott hatte seine Bewegung bis auf ein Minimum eingestellt. Er spürte, wie er sank. Sank er in die Arme der Mutter? Oder in die der Frau, die er erst so spät kennen – und lieben gelernt hatte? Wie dem auch sei, er würde weich fallen. Plötzlich spürte er etwas an seiner Schulter. Erst nur ein Schlag. Als würde ihn jemand streifen. Ein Fußgänger ihn anrempeln. Dann war die Berührung vorbei. Um plötzlich zurückzukehren. Jemand griff nach ihm. Angst überkam ihn. Ob mit dem Wasser auch Fische in die Röhre gelangt waren? Er bewegte die Schulter, um das, was da war, abzustreifen. Doch das unbekannte Etwas blieb standhaft. Plötzlich tauchte, wenige Zentimeter von seinem Gesicht entfernt, eine schwarze Maske auf. Sein Bewusstsein suggerierte ihm, dass es sich um einen Taucher handeln musste, und er spürte, wie Schauer und eine leichte Wärme in ihm aufzogen. Der Unbekannte drückte ihm etwas vor sein Gesicht. So, als wenn seine Mutter ihm in Kindsjahren den Schnuller geben wollte. Er öffnete automatisch den Mund und ließ es geschehen. Frischer Sauerstoff drückte in seine Lungen und Gernot Ott konnte sein Glück nicht fassen.

„Der Kapitän verlässt als Letzter das sinkende Schiff!"

Der Spruch musste von Walburga kommen. Darüber war sich Ott im Klaren, als er im Krankenhaus zu sich kam. Die Frau saß auf seinem Krankenbett und ihre roten Haare hingen wie ein Handtuch beim Inhalieren über ihrem Gesicht. Sie streifte sie zur Seite. Er sah verweinte Augen. Dazu Müdigkeit. Aber auch Freude. Ott versuchte, seine Haltung zu ändern. Wollte sie in den Arm nehmen. Es gelang und weinend klammerte sich das Paar aneinander. Draußen lief leise ein Weihnachtslied. Es kam Ott bekannt vor.

„Wie möchtest du … unser Kind nennen?" Ott wunderte sich über seine Worte. Kamen sie von ihm? Tatsächlich, sie waren seinem Mund entwichen.

„Du weißt …?" Walburga hatte die Augen aufgerissen.

Er versuchte ein Schulterzucken. Draußen herrschte Dunkelheit. Er konnte es durch die Fensterscheiben erkennen. War noch Weihnachten oder wie lange lag er schon hier?

Walburga hatte endlich mit dem Weinen aufgehört. Ein zuversichtliches Grinsen hatte ihr Gesicht eingenommen.

„Chris, dachte ich mir! Also nur, wenn es ein Junge wird und du …!"

„Unser Chris-Kind!", lachte Gernot Ott und Walburga fiel in sein Lachen ein.

Folgt uns auf

#niemeyerbuch